Coleção

Biblioteca
do Maçom

EDITORA MAÇÔNICA
A TROLHA

Breno Trautwein

Novos Rumos à Maçonaria

Editora Maçônica "A TROLHA" Ltda.
Av. Maringá, 335 – Fone (0 XX 43) 327-1982 – Fax (0 XX 43) 348-0915
Cx. Postal 938 – CEP 86001-970 – Londrina – PR

Londrina, novembro de 1999

Potência: Grande Oriente do Paraná

Coordenação Geral:
Conselho Editorial

Preparação e Diagramação:
Maristela Meneghetti

Ilustração da Capa:
Juliano Carvalho

Revisão:
Virgínia Cristina Audi Ayres

Impressão e acabamento:
Grafmark Indústrias Gráficas Ltda.

Dados Internacionais de Catalogação na Publicação (CIP-Brasil)
CATALOGAÇÃO NA FONTE

A835i Trautwein, Breno
Novos rumos à Maçonaria / Breno Trautwein. – 1ª ed. – Londrina: Ed. Maçônica "A TROLHA", 1999.
184p.: 20,2 cm. – (Coleção Biblioteca do Maçom).

ISBN: 85-7252-087-2

1. Maçonaria – História. I. Título.

CDD 366.09
CDU 061.236.6

Índice para catálogo sistemático:

1. Maçonaria – História
061.236.6 (CDU)

EDITORA MAÇÔNICA "A TROLHA" LTDA.
Av. Maringá, 335 – Centro
86060-000 – Londrina – PR
Cx. Postal 938 – CEP 86001-970
Fone: (0 XX 43) **327-1982** – Fax: (0 XX 43) **348-0915**

Dedicatória

A todos os Maçons espalhados pela face da Terra. Heróis anônimos que sentiram e sentem vibrar no íntimo d'alma o amor ao próximo, traduzido pela freqüência às Lojas onde aceitam qualquer serviço e toleram os dirigentes despreparados e outros Irmãos; cujo egoísmo, vaidade e prepotência negam os princípios fundamentais da ordem: fraternidade, humildade e bondade. Eles são os sustentáculos e energia vital da Maçonaria.

Curitiba, setembro de 1998.
Breno Trautwein

Índice

Prefácio

Sempre procuro questionar nossas idéias, buscando opiniões de outras pessoas; pois é da sabedoria Clássica ser o homem a própria medida das coisas (Protágoras). No meio maçônico a maioria, quase absoluta, está satisfeita com as práticas da Maçonaria, restrita a uma convivência dentro da Loja, ou em nosso ecossistema sem maiores análises quanto a verdade e a realidade. Vão meramente seguindo a carruagem sem qualquer preocupação quanto a rota e o destino.

Professor por aproximadamente quarenta anos e pai de quatro filhos, os quais trazem à minha casa amigos e colegas que me perguntam e ao mesmo tempo criticam minhas respostas:

– Por que de nossa Ritualística?

– Qual a finalidade da Maçonaria?

– Dentro da Ordem alguém tem mais poder sobre os outros?

– Qual o vestuário maçônico?

– A participação efetiva como é feita?

– De que forma atinge a massa popular?

– Como se relaciona com outras agremiações?

Também semelhante questionário foi-nos feito, por alunos da PUC, quando lá realizamos durante alguns anos palestras sobre Maçonaria e, em outros ambiente escolares. Desta experiência fizemos um artigo: "O conhecimento maçônico e o mundo profano", que não mereceu atenção e muito menos publicação pelos periódicos enviados.

Toda esta vivência nos dois universos: maçônico e profano, levou-me a um "insight", ou como dizem os jovens: "me toquei". Há acentuada diferença entre o ideal e o real maçônico, e, também, entre o ideal maçônico e o real profano.

– Estaria correta minha interpretação?

– Não seria demasiada pretensão julgar o estágio atual da ordem?

Minha formação filosófica, dentro de um criticismo e cepticismo, fazia-me usar da dúvida metódica; quando me caiu às mãos a revista Acácia, de Chiapas – México (julio, agosto, septiembre de 1997), artigo: "Masoneria del Tercer Milenio", escrito por Fábio Ferrera Falconi, iniciado com o dístico: "Os ovos não permanecem; tornam-se aves ... e voam"; seguido por alguns tópicos que vamos traduzir:

O universo todo tende a provar. Todo ser vivo nasce, cresce, se reproduz e morre. Todas as coisas deixadas à intempérie retornam ao pó, porque antes era pó. E, em irônica antítese, tudo isso que piora, finda ou se transforma, vai aperfeiçoando objetos, seres viventes e, o melhor: o espírito.

E nós seguimos apegados aos nossos antigos usos e costumes, porque nos movemos na inércia que nos legaram nossos maiores. Porque compreendemos serem os juramentos não absolutos, porém relativos. Porque nós pensamos serem os Landmarks susceptíveis de análise para adequá-los às coordenadas de tempo e espaço, nas quais transitamos atualmente.

Em que nos prejudicaria, digo eu (para estar em sintonia com o século que se esconde no virar da esquina), sem modificar a estrutura, os princípios e a alma da Maçonaria, recordai que não somos judeus, respeito à parte, e substituir-se lendas, rituais, liturgias e outros; com terminologia de acordo com o âmbito sideral, tão amplo, tão sensível de adequação semântica para nosso fins e tão à mão para entrar no outro milênio?

Porém, acaso não trabalharíamos igual se instituíssemos em vez do R∴ E∴ A∴ A∴, um Rito chamado, por exemplo: Rito do Terceiro Milênio?

Porque usamos o livro da Lei, que é desde o Gênesis, passando pela Tora judia, até os Evangelhos e o Apocalipse, nem mais nem menos que a história do povo judeu. Se usássemos o Popol Vuh (que está mais próximo de nós), seguiríamos trabalhando igual; ou, melhor sem o livro da Lei; pois o Esquadro e Compasso abarcam tudo. Todo o universo.

Seria questão de estudar, de atualizar tudo, não tirando, mas substituindo conceitos e conservar o que nosso juízo indique o uso e seja atual, porquanto já usamos muita terminologia astronômica e eliminaríamos os símbolos astrológicos, correspondentes a uma pseudociência. Formar por exemplo, porém sem divisionismos, uma Loja Experimental do Rito do Terceiro Milênio (ou como a chamássemos) e ver como funciona. Se somos todos regularmente irregulares, porque a regularidade é dada pelo trabalho, nada nos deve julgar senão nós mesmos.

Também em "Uma Luz na História" (Octacílio Schüler Sobrinho) destacamos (pág. 129): "As novas forças sabiam precisamente o que queriam: o exercício de uma Maçonaria livre e pura; a abolição de todas as restrições, preconceitos e desigualdades entre Lojas e Obreiros; uma administração racional, moderna e imparcial; uma política que fugisse do racionalismo e deixasse de ser absolutista monárquica; e que as forças motivadoras não fossem levadas à inatividade e o estabelecimento de Potências federadas que, pela solidariedade e pela harmonia, formassem uma confederação".

Não entendemos bem "uma administração racional é uma política que fugisse ao racionalismo"; pois salvo melhor juízo, uma administração racional deve ter por base uma filosofia racionalista. Porém no todo era o desejo dos dissidentes de 73, de profundas modificações nas estruturas maçônicas. Entretanto, será que isso foi realizado? Ou caíram nos velhos usos e costumes de seus antecedentes? A raposa perde o pêlo, mas não perde as manhas.

Fazendo uma ligeira digressão temos: "racionalismo maneira de ver as coisas apreciando-a só pela razão, independentemente de autoridades; pura atividade especulativa do espírito; concepção filosófica segundo a qual as idéias universais não resultam das percepções". Sendo a razão a causa da distinção entre o Homem (ser racional) é a besta irracional, o seu uso é obrigatório nas análises, críticas das universais afirmativas ou negativas, hoje sem a importância dada por Aristóteles, porquanto a validade das proposições é dada pela experiência ou pelo senso comum, assim mesmo ele não deixa de ser uma ferramenta confiável do espírito.

Ele não se opõe e nem tenta explicar esse esoterismo etéreo, cujo resultado frustrou quase cento e sessenta milhões de brasileiros, na última Copa Mundial de 1998, quando nosso técnico confiava mais em beijar medalhinhas de santos e usar camisa 13 para dar sorte, esquecendo ser o futebol um esporte técnico, obrigando ao uso de estratégias e táticas próprias para cada adversário. É a razão contrapondo-se às crendices e superstições.

Voltando ao tema inicial; tudo indica a insatisfação reinante quanto ao atual estágio maçônico, onde se misturam a tradição dos mistérios com esoterismo hermético; os usos e costumes dos séculos passados com a modernidade, que vem atropelando tudo: conceitos, preconceitos, práticas, filosofias, histórias, opiniões pessoais dentro do velho princípio biológico: a natureza é simples.

A evolução não pára, ela continua sempre extinguindo os menos aptos e preservando os mais capazes na biosfera.

Baseados nessa evolução, fizemos a análise de alguns ramos do conhecimento humano desde a escolástica até as modernas conquistas científicas; que mudaram e estão mudando o homem e o seu destino através da filosofia analítica da linguagem, destruindo todos os paradigmas do passado sem criar um novo modelo; pela rapidez das transformações.

Para nós Maçons é o momento de despirmos o "smoking jacket", ou

alfaias vistosas e num ato de humildade analisarmos sem preconceitos a Maçonaria de ontem, de hoje e de amanhã.

Apresentação dos Editores

*Este é o 2º Livro do Escritor Maçônico **Breno Trautwein**, de Curitiba – PR. Breno é um dos maiores intérpretes e analistas da atual Maçonaria. Seu 1º livro publicado por nós – **"Dogmas e Preconceitos Maçônicos"**, foi um grande sucesso da crítica. Agora, lançamos este "Novos Rumos à Maçonaria", onde ele faz uma análise profunda e bem fundamentada, da Maçonaria que praticamos.*

*Nós todos aprendemos que a Maçonaria é Evolucionista **"Novae Sed Antiquae"**, antiga porém nova. Só a Evolução da Maçonaria é um tanto quanto lenta. Para se dar um passo à frente, é necessário lutar contra um exército de Terríveis Conservadores. Os puristas que nela estão encravados, são em grande número e usam o mais antigo e rançoso argumento: "Por que mudar, se sempre se fez assim?".*

*Isso deveria ser válido também para: **"Os franceses usavam calças justas e camisas de punhos rendados, além de perucas empoadas"**. Por que será que mudamos para Ternos Pretos e Chapéus Desabados (horríveis) como o velho e batido chapéu do Sr. Santos Dumont?*

A Maçonaria nasceu em Tavernas e Cervejarias; por que, então, se constrói majestosos Templos, mais parecidos com Igrejas, ou Mesquitas Árabes?

Por que será que acrescentar anomalias aos nossos Ritos, é permitido pelos "Puristas"?

Quando escrevi incentivando a "FAZER MAÇOM À VISTA", que existe desde o século 17, me condenaram por carta, coisa que está no 8º Landmarque de Mackey. Por que será que me criticaram quando citei que a Grande Loja Unida da Inglaterra – A Mãe do Mundo – desde 11 de junho de 1986, aboliu de seus Juramentos – Graus 1º, 2º e 3º, as referências às Personalidades Físicas, como se eu estivesse pregando o fim das Provas Iniciáticas?

São por esses e outros motivos, que faço questão de colocar em circulação, um livro como este. Embora Mackey tenha escrito em seu Landmarque nº 25, que os demais eram imutáveis – é uma grande peta, porque a Maçonaria, embora conservadora, não é Dogmática. Respeitar algumas Tradições não é Dogmatismo.

Mas, para a Maçonaria avançar alguns passos, são necessários muitos Brenos, Castellanis, Xicos e quetais.

Meu Irmão, está em suas mãos mais uma obra referencial da boa literatura maçônica.

Xico Trolha
Londrina, novembro de 1999.

Introdução

Fomos estabelecendo paralelos entre o atual estágio cultural e o de 1717, e, também, opinamos quanto as modificações mais imediatas da própria Maçonaria.

Para nós é evidente que no início do terceiro milênio continuemos a usar fórmulas de duzentos ou trezentos anos atrás; exceto as pertencentes a nossas tradições simbólicas e ritualísticas; as quais, mesmo assim, deveriam ser adaptadas ao espírito de nossa época sem perder as conexões com o simbolismo e os ritos e rituais arcaicos. Exemplificando. Os nossos simbolistas dão ao sinal G, várias interpretações, como gnose, Gênio, e no entanto nossos catecismos (1730) diz ser simplesmente: Geometria, cuja origem está no Poema Regius (1390). Nossos Rituais trazem inúmeras falas inúteis, e mesmo práticas ridículas, senão grotescas; cujo fim era de impressionar o neófito que hoje ri dos filmes de terror.

Quanto aos usos e costumes é que sentimos a distância entre o aqui e agora real em contraposição com virtualidade de nossos paramentos, vestimentas e espadas, restos das classes dominantes da Idade Média: a nobreza e o clero com seu luxo exterior e vazio interior.

Também a introdução de um esoterismo estranho ao iluminismo e deísmo maçônico, mas resquícios das pseudociências antigas e medievais dos Rosa-Cruzes, Teósofos, Cabalistas, que poderíamos chamar de ocultismo ou hermetismo com todas as suas explicações fantásticas e misteriosas, porém sem qualquer vínculo com o real cultural moderno.

Esse esoterismo fez nascer um lendário maçônico praticamente folclórico, entretanto causa muita confusão em nossas cabeças de pobres Maçons; pois o lendário não encontra respaldo total na Bíblia e em outros tratados.

É preciso distinguir entre o útil e o inútil; entre a verdade e a mentira; entre a tradição milenar e as colocações de criadores e inventores modernos, limpando nossos ensinamentos de inumeráveis conceitos e preconceitos não pertencentes a nossa veracidade.

Pensando assim, fizemos num primeiro plano a análise, a crítica das nossas organizações atuais, e algumas sugestões como adaptá-las à realidade de hoje.

Posteriormente sentimos que a Maçonaria atual estaria embasada nos conhecimentos medievais próprios de sua época, enquanto a ciência havia transformado o mundo, mudando sensivelmente os hábitos, os costumes e mesmo as tradições sociais. Praticamente pouca coisa sobrou desse passado e entre elas podemos destacar a Igreja Católica Apostólica Romana, e a Maçonaria com suas práticas ritualísticas ancestrais; suas explicações simbólicas; e seu humanismo altruístico contrapondo-se à exploração capitalista do homem pelo homem.

A Igreja Romana vem procurando se adaptar ao novo mundo: modificações da liturgia (1962), eleição de um Papa não italiano, pastorais mais dirigidas aos excluídos sociais sem a fixação exclusiva numa divindade, entretanto suas concepções antigas impedem-na de dar um salto mais realístico para o terceiro milênio. Suas vigas mestras: o pecado original, as heresias, o Satanás, as doutrinas do bem e do mal, do erro e do acerto são difíceis de serem sustentadas diante da evolução científica, filosófica e social da humanidade.

Nós Maçons, homens livres e de bons costumes, não deveríamos ter esses empecilhos doutrinários pela nossa origem iluminista e deísta da Maçonaria teórica, todavia criamos uma ortodoxia tão nefanda e retrógrada quanto às das associações religiosas, oriundas do cristianismo, e de outras correntes místicas; que não nos permite ter a percepção da diferença entre 1717 e 1998.

Assim pensando, fizemos uma pesquisa para avaliarmos a evolução sob os aspectos científicos do pensamento e religiosidade do século XVIII ao XX; e concluímos que a nova ciência evolui extraordinariamente; pois passamos do cavalo e do carro de boi aos automóveis velozes; dos barcos a vela para os imensos navios, das cartas que levavam meses para chegar ao destino, ao fax, ou telefones instantâneos; dos chás e benzeduras à bioquímica farmacêutica de real poder curativo; sem nos esquecermos das conquistas do macrocosmo e do microcosmo.

Há um mundo novo, fora dos templos. Um mundo febricitante de idéias derrubando tabus e os velhos paradigmas em todos os setores da atividade humana. Ao examinarmos este novo universo páginas e páginas foram nascendo, obrigando-nos a dividir a obra inicial em outros volumes, e provavelmente teremos mais dois ou três resultante da análise das diferenças entre o quadrívio e o trívio, bem como da filosofia e teologia; acompanhada pelas ciências naturais e das religiões da Idade Média à Idade Moderna.

Não sabemos se o homem medieval seria mais feliz do que o moderno com toda estas inovações; porém sabemos ter ele hoje vida mais longa e mais útil; pois a expectativa de vida ao nascer era talvez de 20 anos, enquanto as estatísticas para o Brasil de 1920, dão-lhes 34,5 anos; a de 1940, 38,5 anos; a de 1960, 55,9 anos; a de 1980, 63,5 anos; e a presumível de 2000, 68,6 anos; e a de 2020, 72,1 anos.

Hoje, se observarmos as pirâmides etárias no Brasil, comparando 1950 com 1996, vemos ter havido uma diminuição da base (0 a 4 anos) e um aumento do ápice; ou seja em 1950 a nossa população era assim constituída: até 14, 41,8%; de 15 a 59 anos, 53,8%; e de 60 anos ou mais, 4,4%. No final do século, segundo previsões do IBGE: até 14 anos, de 24,6% a 31,8%; de 15 a 59, 60,2% ou 61,6%; e de mais de 60 anos, de 8% a 13,8%.

Torna-se evidente que ao problema da alimentação, educação e saúde do homem medieval, vem somar mais o problema da velhice cujas características positivas foram assim descritas por Marcus Tulius Cicero (106 a 43 A.E.C.):

> *Para aqueles que não possuem dentro de si meios para uma vida feliz e virtuosa, qualquer idade é um fardo.*
>
> *A culpa está no caráter e não na idade.*
>
> *É delicioso ter a consciência de uma vida bem vivida e a memória de valiosos feitos na vida.*
>
> *Aqueles que advogam que o velho é incapaz de atividades úteis são como aqueles que falam que o piloto não faz nada, pois, enquanto outros estão subindo nos mastros ou correndo no convés ou trabalhando nas bombas d'água, ele, sentado na popa, segura o timão.*
>
> *A velhice é privada do farto banquete, da mesa cheia e do copo transbordante; portanto, está também privada da bebedeira, da indigestão e da perda de sono.*
>
> *O velho lembra-se de tudo o que lhe interessa.*
>
> *Quando coroado com honrarias públicas, (o velho) aproveita uma influência de maior valia que todos os prazeres sensuais da juventude.*

Por outro lado o filósofo e cientista italiano contemporâneo, Norberto Bobbio (87 anos), dá os aspectos negativos da velhice:

> *Não que o velho seja particularmente apegado a suas idéias. É que ele não tem outras.*

A velhice passa a ser então o momento em que temos plena consciência de que o caminho não apenas não está cumprido, mas também não há mais tempo para cumpri-lo....

A meu ver, que chegou à minha idade deveria ter um só desejo e uma só esperança: descansar em paz.

O que distingue a velhice da juventude, e também da maturidade, é a lentidão dos movimentos do corpo e da mente.

Eu deveria acelerar os movimentos para chegar a tempo e, em vez disso vejo-me obrigado, dia após dia, a mover-me cada vez mais devagar.

As transformações cada vez mais rápidas (...) viraram de cabeça para baixo o relacionamento entre quem sabe e quem não sabe. Cada vez mais o velho passa a ser aquele que não sabe em relação aos jovens que sabem.

A descida em direção a nenhum lugar ....

(Transcrito da Folha de São Paulo de 2/5/98)

Eis mais um problema para os homens equacionarem. Como tantos outros talvez perdurem pela eternidade; porém é indiscutivelmente, também, uma questão maçônica.

Concluindo existe toda uma sociedade, evoluindo, buscando soluções para as suas dificuldades, enquanto nós Obreiros da Arte Real, continuamos inertes, apegados aos nossos costumes e, cuja monotonia dos Malhetes traz o tédio contagiante.

É hora de despertar!

É hora de ingressarmos no mundo do século XX, para não chegarmos atrasados ao XXI.

Capítulo I

Maçonaria e o Futuro

1.1 – Novos Rumos à Maçonaria

No esquema cósmico tudo tem um propósito a preencher.
João Lacerda Neto

Malgrado as lutas seculares contra as forças poderosas da intolerância, e mesmo contra os próprios Maçons a transferirem para ela seus vícios, emoções e paixões, a Maçonaria persiste e atualmente cresce em quantidade e às vezes em qualidade; que nos leva a concluir pertencer ela ao esquema cósmico e tem um propósito a preencher.

Examinando a evolução dela desde as primitivas corporações de ofício; ou ainda poderíamos encontrar suas sementes nas antigas culturas mesopotâmicas e egípcias, aonde o rei era ao mesmo tempo sacerdote e construtor; ou havia a junção da função médica (curativa) às anteriores atribuições, até Numa Pompílio criar as várias corporações de ofício há dois mil e setecentos anos.

Posteriormente vamos encontrar a união da arte de construir com o sagrado nas instituições dos monges construtores; chegando aos séculos XVII e XVIII quando adquiriu um aspecto político social, principalmente a continental européia e a americana com a divisa: liberdade, igualdade e fraternidade.

Liberdade para escolher os próprios governos de pensar, de crer e, sobretudo, de expressar as idéias por todos os modos sem o temor das torturas e das fogueiras.

Abolir os privilégios da nobreza e do clero, criando a igualdade entre os homens, culminando com a declaração dos direitos humanos, infelizmente, ainda no papel, em muitas regiões da Terra.

E, a fraternidade, ou seja, todos os homens são irmãos, o que as religiões já pregavam pelo sopro sagrado (rouah-hakodesh), criando Adão (Adam, o trevoso ou arruivado); que a ciência vem comprovar com existência de um primitivo protoplasma comum a todos os seres vivos.

Existe uma confluência de metas entre a ordem maçônica e o cristianismo; no dístico: "haverá um só rebanho e um só pastor". Esse pastor é o amor fraterno tolerante e compreensivo.

Temos o vislumbre de uma realidade futura, mas como será essa realidade?

Como será a Maçonaria no futuro?

Para tentarmos responder a essa questão teremos de tomar por base a sociedade e a Maçonaria no presente, fazendo um exercício de futurologia e projetar o porvir da ordem maçônica.

Façamos uma análise química da sociedade no momento e vamos encontrar como principais componentes os quatro cavaleiros do apocalipse moderno: o consumismo, o ódio, a descrença e a política de interesses bastardos.

O consumismo é a perda pelo homem da noção de suas necessidades primárias e secundárias. Entendem os estudiosos de psicologia humana, como primárias, as atividades para a manutenção do indivíduo e para a preservação da espécie.

Para manter a vida o homem precisa no máximo de duas mil e quinhentas calorias diárias, distribuídas entre trezentos gramas de carboidratos, um pouco menos de proteínas, e menos, ainda, de lipídios associados às fontes de vitaminas encontradas nos vegetais crus. Pouca coisa que pode ser complementada por leite e seus derivados.

Há um ditado que basta para o homem sobreviver um prato de comida por dia, no entretanto abusamos da glutonaria e pagamos um alto preço pela ateromatose arterial e os conseqüentes infartos, tromboses diminuindo a vida, ou a sua qualidade. Estatísticas pessimistas vêm demonstrando que um terço da humanidade morre de tanto comer, enquanto dois terços morrem de fome.

Em se tratando da preservação da espécie, cujo instinto é a procriação, hoje a razão nos diz que teremos de controlá-lo, porquanto não há nenhum plano de preservação do planeta sem o controle da explosão demográfica, principalmente nas regiões onde impera a pobreza e a ignorância. Também o homem transformou o instinto em fonte de prazer, resultando a luxúria com todos os seus componentes hedonistas, trazendo maior gasto energético e, logo, ajudando exaurir a Terra.

Entre as necessidades secundárias citaríamos: o lazer e o repouso, indispensáveis ao nosso viver psíquico. Também aí em vez de lazer estético, vamos encontrar o hedonista criando escravos das sensações e das emoções, que para satisfazê-lo, muitas vezes, sacrifica o repouso salutar.

A condição humana é sempre paradoxal; paranóica pela luta entre a razão e o instinto, a córtex e a subcórtex cerebral refletindo numa sociedade caótica, sem perspectivas de um futuro mais luminoso. Isso tem levado alguns escritores a profetizarem uma nova Idade Média, enquanto outros mais otimistas vêem nas trevas atuais a luz de uma futura Idade de Ouro, um novo renascimento.

A História, a grande mestra da vida, tão falada e laureada, contudo nunca seguida, tem mostrado a seqüência: caos econômico, decadência, babel social, guerras, violência, miséria e obscurantismo como fases não distintas, mas intercalares e complementares.

Já ouvimos a balbúrdia humana e a confusão social gerando a desordem progressiva, cujas conseqüências serão imprevisíveis e acentuam-se; porque num sistema fechado, como o nosso planeta, o total energético é constante e estamos degradando-o com uma velocidade acentuada, levando o nosso astro à degeneração, seguida de morte.

Nesse ambiente de projeções sombrias pelo desperdício da energia; que é aumentado pelas guerras; as quais em sua maioria tem por motivação o ódio étnico ou religioso. Ambos são resultantes de falsas crenças supersticiosas ou de errôneas, como os conceitos de raças. Todos frutos da ignorância e do instinto predador do Homo Sapiens.

Apesar do gigantesco avanço tecnológico e científico após a segunda guerra mundial, quando passamos da idade moderna para a atômica, dessa para a nuclear e da nuclear para a sideral; o ser humano continuou estacionado nas velhas ou milenares lutas entre as tribos indo-européias com elas mesmas ou com outras em suas sangrentas guerras de conquista, hoje transformadas pelas lutas entre cristãos (católicos e protestantes) na Irlanda, Maomé contra Moisés, no oriente médio (árabes e judeus), Ala contra Brahma, na Ásia (hinduístas e islamistas). Isso entre povos civilizados, porquanto os ódios tribais, a luta pelo poder vem fazendo correr rios de sangue entre os semibárbaros africanos e o terrorismo destruidor e homicida matando crianças, mulheres indefesas em quase todos os quadrantes do globo, numa selvageria irracional, porém própria dos animais predadores.

Se, ainda, existisse o Templo de Jano, certamente ele estaria coberto pelo mofo dos homicídios guerreiros humanos, durante todos esses dois milênios de crenças religiosas pregando o amor e a tolerância mútua no púlpito diante da platéia, e por trás do altar o ódio e a intolerância antifraterna e separatista em crentes, hereges e infiéis; concedendo aos primeiros as graças de um paraíso de beatitudes e aos outros: torturas, crucificações, fogueiras inquisitórias, às vezes sob a sombria acusação de serem adeptos de Satanás, cuja invenção demoníaca, junto com a catástrofe final, onde eles pereceriam ou a vinda do Messias julgador, separando o lobo das ovelhas, ou o temor de um Deus Olímpico com os seus raios de alta voltagem dirigindo para as partes pudendas dos míseros pecadores, como fazem em todas as épocas os covardes torturadores dos subversivos indefesos; aumentando cada vez mais o medo e a angústia do homem ante a parca inexorável.

Outro componente desse terror e tão bem explorado pelas seitas religiosas é o arcaico Satanás; comandante em chefe das falanges das trevas contra os filhos da Luz.

Elaine Pagels, professora de história das religiões na Universidade de Princeton, fez um estudo profundo sobre a criação do capeta, desde a Bíblia Hebraica, na qual ele é no começo um simples criador de obstáculos passando pelo Novo Testamento e pelos primeiros exegetas cristãos, quando ele se transforma em Príncipe das Trevas, inimigo de Deus e do homem, sempre alerta para nos induzir ao erro e levar as nossas almas ignorantes ao suplício eterno nos sujos e enferrujados caldeirões do inferno.

Posteriormente a autora faz um relato documentado mostrando terem os quatro evangelhos sinóticos contado duas histórias diferentes. A primeira é do próprio Jesus com o seu exemplo de amor, tolerância, perdão e redenção expressos em seus ensinamentos sapienciais; a segunda a dos ódios de seus seguidores aos judeus e romanos, comparando-os ao próprio demônio. Mais tarde, a própria igreja usando o ranço do temor a Deus do Velho Testamento, na imposição do poder divino sobre o temporal, estendeu a acusação de filhos do demônio a todos os denominados pagãos, hereges e infiéis; no que vemos a reminiscência na Maçonaria em Potências e Maçons regulares e irregulares.

Termina os comentários da última contracapa do livro "As origens de Satanás ou um estudo sobre o poder que as forças irracionais exercem na Sociedade Moderna", assim: "Todas essas histórias irreconciliáveis de amor e ódio presentes na Bíblia refletem a luta entre a nossa natureza amorosa e a nossa natureza rancorosa, a ironia da condição humana. São inúmeros os trabalhos sobre o legado de amor e os ensinamentos de Jesus. Este livro, porém, revela como essa grande mensagem esteve envolvida com uma história de ódio e luta cósmica, que moldou tanto a história da humanidade como a do amor de Jesus".

Concomitantemente ao desenvolvimento da importância de Belzebu; em hebraico. Baal Zeboul, sendo Baal – Deus e Zeboul – mosca, portanto Deus das moscas ou Senhor das moscas; talvez o mais reles dos deuses no panteão semita-camita, apareceu as teorias do messianismo e do catastrofismo, para aumentar o medo do homem diante de Júpiter Capitolino, antropomorfo, com seus raios de ira destrutiva.

Quem seria o Messias há milênios aguardando pelos judeus e cristãos?

Difícil estabelecer a sua possível identidade, a não ser que ela seja explicitada em sua carteira de trabalho, expedida pelo respectivo ministério celeste.

Caso contrário, poderia ser um novo Pasteur, descobrindo a panacéia universal para curar todas as doenças, ou um moderno alquimista inventando o Elixir da Longa Vida, ou um líder religioso político equacionando as incongruências humanas, um mago ou o retorno de Jesus de Nazareth às lides terrenas, surgindo entre as nuvens irisadas pelo Sol, acompanhado por séquito de anjos amorosos, ou por um exército de anjos belicosos armados até os dentes, para separar os lobos das ovelhas; jogando-os primeiro nas chamas do inferno, e o segundo para um céu chatíssimo das beatitudes eternas, somente interrompidas para as devidas necessidades fisiológicas do seu corpo carnal, após a ressurreição material.

Panorama nada agradável para todos os míseros Maçons, excomungados por vários Papas, sem a mínima condição de comprar as graças do Paraíso, a não ser, talvez, por preços inflacionários.

Todavia, se o Messias não vier devidamente escoltado e resplandecente em toda a sua Glória, ele passaria despercebido, ou seria torturado, julgado e morto como subversivo; ou seria considerado alienado pela psiquiatria científica e recolhido a um manicômio, ou, ironia da vida, tudo isso aconteceria se ele antes não tivesse sido lapidado ou crucificado pelos cristãos.

Quanto à teoria do catastrofismo ela foi preconizada por clarividentes em todas as épocas históricas da humanidade; começando como sempre na Suméria, com Ziusudra, o correspondente do Noé Bíblico, passando pelos profetas hebreus, Nostradamus e continuada em todas as eras históricas por adivinhos, magos e místicos.

Não há um acordo universal, se seremos carbonizados ou afogados, contudo os pecadores (irregulares), como é bom pecar, serão enviados para a região de choro e ranger de dentes, e os puros (regulares) resgatados pelas hostes celestes, ou modernamente pelos Ets em seus discos voadores para levá-los a um novo Éden.

Evidencia-se a mentalidade infantil do homem; que o faz acreditar em coisas absurdas, primárias, míticas e místicas em lugar das atuais descobertas científicas e suas conseqüências filosóficas na explicação racional do sobrenatural, cujo poder, segundo as crenças e superstições, pode ser amenizado por práticas de magia orais (preces e peditórios), gestuais (ritos e rituais) e mentais (meditações, concentrações e outras pseudotécnicas), aumentando sempre o terror angustiante do desconhecido tão sabiamente explorado pelos administradores das religiões.

Sob o prisma político social assistimos ao desmoronamento da esperança socialista comunista e, aparente, reafirmação do capitalismo com a sua contradição maior: preservação da Natureza ou consumi-la mais rapidamente possível, satisfazendo o instinto predador sensualista humano.

Também a crise do monetarismo mundial, criando uma insegurança, relativamente ao futuro do sistema. A má distribuição da renda pessoal, onde os exploradores locupletam-se, usando de todos os subterfúgios legais e ilegais, enquanto os explorados em sua miséria, sem terem outra opção, senão a violência, a prostituição, as drogas, o crime organizado e, finalmente, ao desequilíbrio social, exigindo uma nova estrutura da sociedade mais justa e perfeita.

Esse é o panorama ambiental e a Maçonaria, formada por cidadãos, não pode fugir às próprias contradições de um meio onde os valores civilizatórios como a honradez, a dignidade, o senso do dever e o respeito aos direitos humanos tornaram-se peças de um museu pré-histórico, por ter se deixado dominar por dirigentes, cujo despreparo levou a ordem a estupefação e conseqüente estagnação perdendo a sua condição de fanal para os homens ávidos em aproveitarem cada segundo da eternidade para viver e morrer mais rapidamente, pelo menos na aparência.

Todas as associações têm suas regras, objetivos e estruturas organizacionais que lhes são próprios.

Nós, Maçons, herdeiros do pensamento evolucionista do filosofismo do século XVIII, abandonamos todo esse acervo e passamos a copiar as leis numerosas e contraditórias do mundo profano, como a de um presidente Grão-Mestre todo poderoso no seu autoritarismo com o beneplácito de Assembléias Legislativas e do Judiciário.

Rasguemos todas estas constituições, regulamentos, leis quilométricas e atualizemos os seis itens dos Estatutos de Anderson de 1723, complementados pelos Antigos Deveres e os Regulamentos Gerais de 1721, sem os falsos, irrevogáveis e invariáveis landmarques.

Depois dessa primeira modificação, quando deve ser examinada com propriedade a posição de ingresso na ordem dos deficientes físicos e das mulheres, as novas leis devem prever uma estrutura administrativa mais eqüitativa, menos burocrática, menos autoritária e mais democrática; sobretudo caracterizando-a como sociedade iniciática, tendo por principal finalidade a instrução de seus membros.

Estabelecer com clareza dentro dos princípios gerais explicitados pelos lemas à Glória do Grande Arquiteto do Universo, à Liberdade, à Igualdade e à Fraternidade, os objetivos gerais e particulares, com as respectivas metas, desdobradas de um plano, para programas e projetos específicos.

Os Maçons parecem ter se esquecido de suas divisas mais comuns.

Precisam de uma Bíblia, ou outro qualquer livro de correntes religiosas antifraternas, para sentirem na presença do material, uma possível existência do espiritual.

Nos protocolos de recepção das dignidades, às vezes sem dignidade, a profusão de espadas e velas acesas, fazendo-nos lembrar os cruzeiros dos cemitérios em noites de macumba, ficando esquecida a igualdade entre todos os irmãos da ordem.

A liberdade é letra morta entre as potestades administrativas e os súditos que, muitas vezes, nem lhe é permitido falar nas oficinas, onde é membro atuante.

Sem a crença num Deus-Criador e não providencial, na igualdade e liberdade humana não poderíamos chegar ao objetivo máximo da fraternidade.

Tem tanta coisa a ser feita, contudo precisamos de uma bandeira atual, como a tivemos na independência, na libertação dos escravos, na República e mais contemporaneamente com "O pão e educação" de Lauro Sodré, ainda válida para os dias de hoje, ou poderíamos citar: a pregação ecológica contra a mídia consumista; a preservação do núcleo familiar no meio da desestruturação social; o eterno combate contra a ignorância, as crenças e as superstições; mas primeiro é vital a nossa própria metamorfose com sistemas legais e administrativos mais operativos e, principalmente, as oficinas cujo planejamento deve evitar as manifestações inoportunas e desnecessárias durante as reuniões; cuidar para melhor recrutamento e seleção dos candidatos; impedir a vaidade e o apego a cargos; fugir da rotina, da monotonia e do custeio excessivo, permitindo o ingresso de todos os homens livres e de bons costumes sem as limitações pecuniárias.

Temos que dar ao homem Maçom as bases filosóficas para ele ter um comportamento condizente com as nossas conquistas civilizatórias na preservação do lar com uma educação adequada aos filhos, feita pelo exemplo dos progenitores, para se transformarem em novos tijolos na construção de uma sociedade menos hipócrita e mais autêntica e justa.

Na seleção dos candidatos, os sindicantes procurem determinar se o proposto é um idealista ou é um curioso a mais a se desiludir, após satisfazer a sua curiosidade.

Entendemos por idealista não aquele seguidor do idealismo; doutrina filosófica da designação dada às teorias segundo as quais a existência da realidade física depende da mente humana, porém no sentido figurado de sonhador; mas não alheio às realidades da vida, tendo uma idéia mais concreta do que abstrata de uma sociedade mais igualitária, livre e fraterna.

Cito, à guisa de exemplo, a velha historieta de estarem três homens carregando pedras para construir um edifício, quando chegou um inoportuno curioso e perguntou a um deles:

– O que você está fazendo?

– Carregando pedra, não está vendo?

Ao outro fez a mesma inquirição recebendo a resposta:

– Estou carregando pedra para construir aquele prédio, não está vendo?

E interrogado o terceiro, ele afirmou com emoção:

– Construo uma majestosa igreja para render culto e agradecer a Deus pelas maravilhosas dádivas da natureza.

Precisamos de Maçons que sintam serem eles verdadeiros construtores da humanização social, não importando se estão carregando tijolos, ou colocando-os na construção, ou são artistas cinzelando as esculturas dos santos, ou os arquitetos da obra, eles, simplesmente, têm a sensibilidade espiritual da importância de qualquer ação visando um mundo ideal, sem violência, fome, miséria, ódio, consumismo, politicagem corrupta e corruptora, tudo por alicerce à crença de um Deus Criador, e, no dever e responsabilidade humana diante de toda a natureza.

Tudo indica ser a Maçonaria uma das forças do esquema cósmico, cujo propósito seria um neo-humanismo, seguido por um novo renascimento para que o Sol do bem e do belo volte a brilhar, iluminando uma sociedade eqüitativa e fraterna.

1.2 – Tradição, Modernização ou Atualização Maçônica

...mas está longe de ser verdade que todo arcaísmo seja um mal e que toda novidade seja um progresso.
Alec Mellor

Pelo estudo da História observa-se as modificações dos usos e costumes dos povos, conseqüentes à humanização, às conquistas científicas, às modificações ambientais, à praticidade necessária para o aproveitamento do tempo, novos conceitos filosóficos, e sobretudo a comunicação de massa.

Cite-se como exemplo, os velhos rituais de oferendas humanas, depois substituídas pelos animais e, atualmente, o simbolismo do pão e do vinho. Demorava-se dez dias para se percorrer quatrocentos quilômetros e hoje menos de trinta minutos. Tem-se o mundo todo dentro da nossa sala, bastando para isso virar-se um botão. Os velhos conceitos de geração espontânea descritos em metamorfoses de Ovídio, transformavam-se nos princípios genéticos, tendo como principal o ADN.

Tudo mudou, muda e mudará seguindo a marcha inexorável do tempo para a eternidade. Depende de cada grupo humano a resolução de se adaptar às novas estruturas, ou estagnar-se num conservadorismo estático, como as vetustas ruínas da Mesopotâmia e Egito.

Eis o dilema da Maçonaria: Mudar ou não se modificar?

Vejam-se os exemplos da História. Civilizações nasceram, cresceram e morreram, porque não souberam aproveitar as oportunidades de transformação, bem como as alterações ambientais, sociais e humanas. Tentavam lutar contra forças implacáveis, catalogadas de evolutivas.

Torna-se evidente a necessidade da ordem maçônica reavaliar o seu projeto existencial, adaptando-o velozmente às condições naturais da vida moderna.

Não se pode desprezar a tradição milenar da herança de todas as civilizações encontradas no simbolismo e ritualismo maçônico, porém ao lado desse legado puro e sacrossanto, há outros usos e costumes que foram agregados indevidamente no viver maçônico. Tem-se como exemplo os trinta e três Graus do R.·. E.·. A.·. A.·., inventados pelo primeiro Supremo Conselho do mundo; partindo dos vinte e cinco Graus do Rito de Heredon; herdeiro dos quinze Graus do Capítulo de Clermont; que por sua vez, foi buscar no acervo das antigas religiões e da cavalaria os seus pomposos nomes, contrariando as antigas iniciações; as quais dividiam o mundo em profanos e iniciados. Algumas como o culto de Mitra apresentavam de sete a doze Graus; pois encontramos na literatura própria a hierarquia de sete Graus: Corvo (Corax), Oculto (Cryptius); Soldado (Milles); Leão (Leo); Persa (Perses); Correio do Sol (Heliodromus) e Pater (Pai). Esses sete escalões são quase certo de serem seguros; mas às vezes acrescenta-se mais alguns como Pater sacrorum (Pai dos sacrifícios) e o Pater Patrum ou patratur. Poder-se-ia no máximo distinguir-se doze classes; cuja diferença para trinta e três é bem grande. Inventaram tantos graus e depois não souberam o que fazer com eles, criando cerimônias iniciatórias pueris e até enfadonhas, contrariando a simplicidade da época atual.

Quanto ao mitraísmo salienta-se, entre outras coincidências com a Maçonaria, o chamamento que se davam de irmãos e a proibição de iniciar mulheres.

Também, ocorre o mesmo com a simbólica maçônica, cujas obras básicas de Jules Boucher e de Mackey não seguiram uma sistemática mais de acordo com o atual estado cultural; porquanto misturavam, sem especificar exoterismo com esoterismo, criando novas confusões em relação a doutrina fundamental da Maçonaria, com enxertos do hermetismo, ocultismo, teosofia, e outros "ismos" inconseqüentes.

Nicola Aslan em Estudos Maçônicos sobre o Simbolismo, procura dar uma sistematização, partindo do Tratado de Simbologia (Mario Ferreira dos Santos) para o Simbolismo Maçônico; destacando cinco classes: místicos e religiosos tradicionais; tirados da arte da construção; herméticos e alquímicos; possuindo um significado comum; e outros símbolos tradicionais.

Um simples exame mostra a incoerência da classificação acima; pois o misticismo nem sempre ligado ao fenômeno religioso; hermetismo e alquimismo misturam-se nas superstições humanas e todos os símbolos têm um significado convencionado (comum) e são tradicionais.

O citado autor, só como exemplo, diz ser a letra "g" – conhecimento e a romã – simbolizando os Maçons unidos entre si por um sinal comum. Todavia antigos catecismos dizem ser o significado da letra "g" – geometria e não gnose, gênio, geração e outras baboseiras; e a mitologia grega relata ter Plutão seqüestrado Perséfone, deu-lhe a semente de romã para comer e conseguiu, com isso, que ela voltasse para ele todos os anos, da mesma forma como a semente é lançada à terra para se reproduzir. Portanto o mito grego associava a romã à fertilidade. Era e é o símbolo da fertilidade, e poderia no máximo simbolizar o crescimento da Maçonaria e nunca os Maçons reunidos na face da Terra.

Concluindo poder-se-ia afirmar da necessidade de se procurar na antropologia cultural a origem de nossos símbolos, ritos e certos costumes e não se criar pela imaginação descontrolada.

Ainda em relação aos símbolos poder-se-ia conceituá-los num sentido amplo como o significado de um objeto, natural ou cultural, que por convenção representa outro, em relação ao qual é heterogêneo. Logo ele é fruto de uma convenção e não pode ser interpretado à vontade de cada simbolista. Eles podem ser religiosos, estéticos ou artísticos e científicos.

Entre os usos e costumes há tantas coisas para mudar. Comecemos pela indumentária maçônica – terno preto, chapéu, luvas, aventais e faixas vistosas – contrariando a simplicidade dos trajes modernos. A atitude nas oficinas; sentados na posição de cocheiro, com as mãos estendidas sobre as coxas; mais própria para alunos de primeiro ou de segundo grau, do que para homens livres e devidamente educados.

Fazer um estudo das correntes filosóficas modernas e adaptá-las à Maçonaria. O mesmo deve ser feito com a historiografia maçônica, despindo-a de seus erros seculares passados quando a lenda, o mito, a verdade e o erro, misturavam-se pelo consentimento da ignorância.

Interpretar certos fatos maçônicos à luz das modernas conquistas científicas; incluindo essa filha espúria da ciência: a parapsicologia com as suas implicações filosóficas.

Há um longo caminho a percorrer até chegarmos do século XVIII ao XXI, juntamente com as modernas conquistas humanas, ou no próximo milênio a Maçonaria será simples peça de museu, à qual os guias dirão:

> *A Franco-Maçonaria foi uma sociedade iniciatória, progressista dos séculos passados que influiu na História e na evolução das idéias de todos os povos e, no entretanto, devido a sua incapacidade de acompanhar a evolução da humanidade, foi fenecendo até extinguir. Há, ainda, alguns grupos de resistência, querendo manter as velhas tradições, porém faltam-lhes a adaptação ao mundo febricitante atual.*

1.3 – Análise da Administração Maçônica

Ao término de um período de decadência, sobrevem o ponto de mutação.
I Ching

Evidencia-se por toda parte o afrouxamento da moral humana, bem caracterizada pelo erotismo desenfreado, o uso de substâncias euforizantes, de alcoólicos e de todas as maneiras de prazer hedonista. Ao mesmo tempo a irresponsabilidade generalizada. Todos lutam pelos seus direitos, esquecendo os próprios deveres. Por esse filme já passaram as civilizações antigas; cujo exemplo mais típico foi a decadência e queda do império Romano, após as Messalinas, os Neros, e sobretudo a desorganização administrativa, principalmente, no Império do Ocidente.

Dos primitivos núcleos familiares humanos de três milhões de anos atrás à sociedade global moderna, a civilização passou por várias etapas; nas quais os usos e costumes modificaram-se e conseqüentemente as filosofias e políticas organizacionais e administrativas.

Voltando-se aos idos de 1717, quando foi criada a Grande Loja de Londres (24/06/1717), segundo Lepage: um dia fatídico para a Maçonaria universal; cujo sistema governamental foi copiado da própria estrutura política inglesa, onde o rei governava conforme as resoluções do parlamento, formado por representantes de todas as Lojas jurisdicionadas.

Entretanto, logo em 1721, o Grão-Mestre, John Payne estabeleceu um regulamento de trinta e nove itens, baseado no sistema inglês de governo, no qual encontrava-se regras restritivas às tradições da Maçonaria de Ofício sobre a liberdade dos companheiros organizarem-se em Lojas e, livremente, viajarem, sendo recebidos em todas as partes como Irmãos.

Desde o primeiro item: "O Grão-Mestre ou seu deputado tem autoridade e direito não só de estar presente a reunião de qualquer loja, como de presidi-la..."

No art. 4º é flagrante a interferência autoritária nas Lojas: "Nenhuma Loja deve Iniciar mais de cinco profanos de uma vez; o que se repete nos artigos V, VI, VII e VIII. Encontra-se nos artigos XI e XII, a criação das Grandes Lojas, formada pelos Veneráveis e Vigilantes de todas as Oficinas, presidida pelo Grão-Mestre que tem o direito de dois votos. As reuniões serão trimestrais nos dias de São Miguel, Natal e Nossa Senhora.

O XIII artigo dá a estrutura administrativa, tendo o Grão-Mestre ou seu deputado as prerrogativas de dirigirem os trabalhos do Tesoureiro e do Secretário. Há um Guarda da Porta. As instruções gerais administrativas são detalhadas do artigo XIV ao XXXIX, inclusive banquetes, eleições e de um modo geral o funcionamento de toda a instituição.

Caracteriza ter sido a primeira Grande Loja unicamente de Londres e cercanias o art. XXII: "Os Irmãos das Lojas de Londres e suas cercanias e os de Westminster realizarão anualmente uma reunião com um banquete em local conveniente, no dia de São João Evangelista, se assim resolver o novo regulamento da Grande Loja, pois nos últimos anos tem se reunido no dia de São João Batista". Esse artigo dá uma clara evidência do real padroeiro da Maçonaria: São João Batista e a importância da comilança de nossos antepassados.

Nota-se também os títulos de Grande Tesoureiro, Grande Secretário, Guarda da Porta, Mestre-de-Banquete e ainda os Grandes Vigilantes.

A Constituição de Anderson, devidamente aprovada pelos quatorze notáveis, dentre os quais destacamos a figura de Jean Teophile Desagulier, cientista, amigo de Isac Newton, membro da Real Sociedade, homem culto e liberal; que tendo sido perseguido na França por ser protestante, conheceu na própria vida o efeito da intolerância religiosa, e portanto, somente alguém com essas características psicológicas poderia fazer uma constituição tão liberal (para a época), simples e concisa; malgrado, sob a luz da crítica atual, seria um Regulamento principalmente no último item, quando dá as normas de fechada, porém reunidos os Irmãos; fora da Loja, sem a presença de profanos e Irmãos estrangeiros; e as normas sociais na própria casa e na vizinhança. Apesar de sintética chega ao cúmulo de determinar a conduta no próprio lar.

Todos esses princípios, posteriormente transformados em dogmas maçônicos, segundo alguns autores, são baseados nos antigos manuscritos, principalmente o Regius e o de Cooke da Maçonaria Operativa de origem religiosa e numa ilação natural a sua parte mais dogmática e autoritária é resultante do pensamento das crenças dominantes em toda a Idade Média.

Ambos os documentos foram aprovados e na parte final encontramos:

> *E ordenamos que este documento seja recebido em cada Loja particular sob nossa obediência, como as únicas constituições dos Maçons Livres e Aceitos entre nós; para ser lida na Iniciação de novos Irmãos, ou quando o Mestre acreditar ser necessário, e para que sejam examinados pelos novos Irmãos antes de sua Iniciação."*

Assinam: Felipe, duque de Wharton, Grão-Mestre, J. T. Desagullier, deputado do Grão-Mestre, Joshua Tunson e William Hawkins, Grandes Vigilantes de vinte Lojas particulares (entre elas as dos antigos Grão-Mestres: Sayer e Payne e as de James Anderson).

O termo Mestre, no caso, refere-se ao do Mestre da Loja, hoje Venerável Mestre, e o deputado do Grão-Mestre é o Grão-Mestre Adjunto, atualmente.

No continente Europeu, a França foi o primeiro país a criar a outra organização maçônica: o Grande Oriente e segundo Lepage: "Ainda não se deu nenhuma solução válida do problema da Maçonaria especulativa na França. Ela veio da Inglaterra ou da Escócia – e é bem possível que a "mãe" das primeiras Lojas francesas tenha sido a Escócia e não a Inglaterra".

Fugindo a esta discussão, no momento inútil, e de acordo com P. Naudon, em 1735, na França, as Lojas escocesas assumiram total importância que resolveram seguir a forma da obediência inglesa e um Grão-Mestre, enquanto as Lojas inglesas projetavam reorganizar-se sob a égide da Grande Loja de Londres, criando uma Grande Loja Provincial, porém a solicitação não foi acatada, mesmo assim, juntamente com as Lojas escocesas fundaram, em 1736, a Grande Loja Provincial, que em 24 de junho de 1738 conferiu ao Duque d'Autin o título de Grão-Mestre geral e perpétuo dos Maçons no reino da França constituindo, de fato, a Grande Loja da França.

Sem entrar-se em maiores detalhes, em 9 de março de 1772 houve a criação de uma outra Obediência: Grande Loja Nacional da França; que a 22 de outubro do mesmo ano intitulou-se: Grande Oriente da França, com a inovação de criar um poder legislativo, composto por deputados de todas as Lojas, o que daria um sentido mais democrático e contrabalançaria a força do Poder Central.

Segundo Clavel esse Grande Oriente formar-se-ia dos grandes funcionários, dos Veneráveis e deputados de todas as Lojas e que esse corpo não reconhecia, daí em diante como Venerável senão os eleitos livremente pelos Irmãos, também deveria haver uma renovação de todos os cargos anualmente podendo ser reeleito, no máximo para o mesmo cargo, por três anos consecutivos; o Grande Oriente dividir-se-ia em três câmaras: de administração, de Paris e a das decisões das três câmaras.

Em "La Historia Secreta de La Francomasoneria", de Clavel, há a opinião citada abaixo:

> *É preciso reconhecer que a nova Constituição Maçônica, por irregular que fosse sua origem, introduziu melhoras positivas no regimento da Ordem na França. Aboliu a perpetuação dos Veneráveis, restringiu a eleição dos funcionários somente entre os Irmãos e admitiu tanto às Lojas de Paris como das provinciais para concorrerem aos pleitos e tomassem parte na administração e legislação geral da sociedade. O Grande Oriente vinha a ser portanto uma espécie de Assembléia Nacional, aonde podiam ouvir-se todos os interesses e satisfazer-se todas as necessidades. Essa nova organização maçônica mereceu, certamente, a aprovação de todos os Irmãos; porém atacou as usurpações, que se decoravam com o título de direitos adquiridos. Os Veneráveis irremissíveis feudos em seu orgulho e ainda quiçá nos seus anseios de subsistência; porque muitos faziam um tráfico da Maçonaria e consideravam as Lojas, das quais eram chefes, como propriedade particular; levantaram-se contra os novos estatutos, aos quais acusavam de introduzir novos germens de divisão na Maçonaria...*

Também os remanescentes da Grande Loja reunidos atacavam a nova Obediência; que porém sobreviveu a todos os empecilhos e veio dar à Maçonaria Universal uma organização mais democrática de acordo com os ventos da época.

Hoje, se não houve modificações, há na França: Grande Oriente da França, Grande Loja da França e Grande Loja Nacional da França, além do Direito Humano e a Grande Loja Feminina Francesa.

Infelizmente não se teve acesso a uma Constituição primitiva dos Grandes Orientes; porém conseguiu-se uma de 1926, para as devidas comparações.

Do capítulo da Maçonaria e seus princípios destacamos:

I – A Maçonaria é uma instituição essencialmente humanitarista, procurando realizar as melhores condições de vida social.

II – A sua forma é ritualista.

III – A Maçonaria é livre pensadora. (Constituição de Anderson)

IV – A Maçonaria exige o máximo de altruísmo, o sacrifício de quaisquer interesses materiais e morais do bem-estar dos semelhantes.

V – A Maçonaria estende a todos os homens os laços fraternais que unem os Maçons sobre a superfície do globo. Recomenda aos seus adeptos a propaganda pelo exemplo e pela palavra falada e escrita, sob reserva da observância do sigilo maçônico.

VI – A Maçonaria considera o trabalho e a solidariedade como deveres essenciais do homem, e honra igualmente o trabalho intelectual e o trabalho manual.

VII– A Maçonaria é uma instituição universal, variando, porém, a sua organização conforme as condições dos povos em que se acha estabelecida. Todos os Maçons constituem uma e a mesma família e dão-se o tratamento de Irmãos, sendo iguais perante a lei.

Trinta anos após, vamos encontrar na Constituição do Grande Oriente do Paraná: que deve ser uma cópia da G∴ O∴ B∴, esses sete princípios desdobrados em onze, porém incoerentes por ferirem os nossos conceitos científicos e filosóficos atuais. É um repositório de tolices e superstições, conforme explicar-se-á.

Já em primeiro item, esquece-se de colocar a característica principal da Maçonaria: é a de ser uma sociedade iniciática, a diferenciá-la dos demais clubes de serviços e outras entidades, a não ser que entenda como educativa e progressista a própria iniciação; entretanto, nesse caso, ocorreria uma redundância, pois educação é o processo de desenvolvimento da capacidade física, intelectual e moral do ser, do nascimento à morte. Logo, tudo mais torna-se redundante e inútil e macarrônico (enroladinho e furadinho).

Prevalência do espírito sobre a matéria. Como interpretar essa frase? O que é espírito? O que é matéria? Palavras vagas; porque a moderna Física conclui ser a matéria simples manifestação da energia. E não seria a energia mera produção do Espírito, chamado por alguns de Consciência Cósmica e por nós de G∴ A∴ D∴ U∴.

Por outro lado nada mais excêntrico do que a afirmação da trilogia: liberdade, igualdade e fraternidade suprema da Maçonaria, trazendo para o Grande Oriente, onde pode funcionar vários Ritos, um dístico do Rito Moderno, que é agnóstico, e segundo consta essa trilogia foi elaborada durante a Revolução Francesa para substituir o: Pai, Filho e Espírito Santo, do Catolicismo.

Com a pretensão de especificar as características maçônicas dos Grandes Orientes em suas relações sociais e individuais, faz uma salada de conceitos, preconceitos e dogmas nada esclarecedores dos objetivos gerais e específicos da Maçonaria, conforme os itens II, III, IV, V, VI, VII, VIII, IX, X e XI.

Destacamos o oitavo para tecer um ligeiro comentário; pois ele diz: "Sustenta ser deveres essenciais do Maçom: amar a família, servir com fidelidade e devotamento à Pátria e obedecer a lei". Se a Maçonaria tem como princípio filosófico o humanismo antropocêntrico: a Pátria do Maçom é o Universo e todos os homens merecem seu amor e respeito, não só a família. Nós espiritualmente somos cidadãos do Universo, pois somos irmãos dos astros pela nossa origem energética comum. E obedecer às leis..., desde que sejam justas e equânimes.

Em sua dogmatização as constituições dos grandes orientes estabelece a existência de um princípio criador; não discutido pelos agnósticos e não aceito pelos ateístas; que também são irmãos. Onde está a fraternidade?

No capítulo no qual descreve no terceiro item, os postulados universais da ordem, além da baboseira anterior, encontra-se mais oito postulados, ou axiomas, ou dogmas que na realidade são características momentâneas da Maçonaria, como o sigilo, a lenda de Hiram, a divisão em três Graus...

Destacam-se três por contrariarem a conceituação anterior da Maçonaria bem como os seus fins últimos.

No parágrafo G: "a proibição de discussão ou controvérsia sobre a matéria (ficaria melhor: assunto) político-partidária, religiosa ou racial, em seu nome, nos templos e fora deles". Pergunta-se: onde fica a liberdade? E o pior, tem a pretensão tola e tirânica de restringir a opinião do Maçom no próprio mundo profano, onde ele é um animal político e quase sempre religioso.

O postulado, mais uma vez, fere a liberdade, a fraternidade e mesmo a igualdade, mandando pôr o Livro da Lei sobre o altar. Se for as Constituições e aos regulamentos está correto, porém caso seja, como quer a maioria das instituições maçônicas: o livro das sagradas escrituras, na maioria dos casos a Bíblia; como ficariam as demais crenças e os espiritualistas universalistas, entre os quais se destaca a figura de Jesus, filho de José.

Destaca-se uma afirmação (citada por Lepage) de uma proposição do Grão-Mestre da Grande Loja Negra de Michigan: ... "o que vale mais, meus Irmãos: ter como os nossos Irmãos brancos da América, a Bíblia sobre o altar sem a ter no coração, ou como este Maçom francês, não a ter sobre o altar, mas levá-la em seu coração?"

Finalmente o mandamento "i": é de uso obrigatório o Avental nas Sessões Ritualísticas. Como preceito constitucional; que é soberano, pode-se usar nas Lojas Simbólicas, aventais do filosofismo, ou o avental de médico, de ferreiro, pintor... pois não especifica ser o Avental dos três Graus Simbólicos.

Não adianta os Grão-Mestres proibirem o uso de Aventais dos Graus superiores no simbolismo, porquanto as constituições dão esse direito aos Maçons jurisdicionados.

Na constituição européia, que serve de comparação com as atuais, foi editada em 1926, porém tem sua origem nos anos de 1869 e quanto aos poderes maçônicos eles são: o legislativo, o judiciário, o executivo e o litúrgico.

O Poder Legislativo, ou o Grande Dieta é a assembléia dos representantes das Lojas; que são os Veneráveis e os deputados eleitos por elas. Tem as atribuições comuns de legislar e fiscalizar e além dessas de eleger cinco membros do Grande Tribunal Maçônico, o Procurador Geral da Justiça e o Presidente do Conselho da Ordem. Referente ao Legislativo destacamos um parágrafo interessante: "As Sessões da Grande Dieta celebrar-se-ão com formalidades litúrgicas. Os seus membros apresentar-se-ão decorados com o Grau de Mestre." Por que mais alfaias?

Quanto ao Poder Executivo é seu chefe o Grão-Mestre e exerce-o juntamente com o Conselho da Ordem a quem cabe administrar o G.·. O.·., porque os atos do Grão-Mestre têm de ser referendados, ao menos, pelo membro competente do Conselho, cuja constituição além do presidente, apresenta quatro grandes secretarias: Geral da Ordem, das Relações de Justiça; das Relações Litúrgicas e de Beneficência e a Tesouraria Geral. Esse Conselho da Ordem é equivalente ao que chamamos de Grande Conselho; porém o seu presidente é eleito pelo legislativo e é ele próprio a quem cabe a indicação para a nomeação do Grão-Mestre e dos secretários. Poder-se-ia afirmar existir algumas semelhanças com o sistema parlamentarista, pois as funções do Presidente do Conselho assemelham-se a de um Primeiro Ministro, porquanto a ele, devidamente associado, cabe superintender a todos os assuntos relativos às relações intermaçônicas simbólicas e com o mundo profano: a propaganda e a política maçônica, promovendo a fundação de novas Oficinas e a Iniciação dos leigos e de um modo geral práticas que sejam de competência exclusiva do Grão-Mestre; e mesmo tomar a iniciativa de projetos de leis e de regulamentos necessários ao bom funcionamento da administração maçônica. Esse Conselho Maçônico é algo semelhante aos Grandes Conselhos dos atuais GG.·. OO.·. , e para a Constituição estudada, também, prevê a existência de um Grande Conselho, com atribuições mais parecidas com as das atuais Congregações.

O Grande Conselho, nesse caso, é um corpo meramente consultivo, que o Poder Executivo poderia ouvir sobre assuntos importantes e graves. Por exemplo: sobre assuntos administrativos ele é formado pelos Veneráveis das Lojas da Obediência; referente aos temas científicos e legislativos será ouvida a seção constituída pelos membros nomeados pelo Grão-Mestre; quando o problema é sobre política maçônica e negócios externos serão ouvidas as duas seções acima descritas, reunidas.

É fácil notar não ser o Grão-Mestre o ditador todo poderoso das atuais legislações; porquanto há todo um colegiado opinando e decidindo nas tomadas de posições do G.·. O.·..

Infelizmente, num século de imensas complexidades de um mundo em mutação, aonde a especialização predomina, ocasionando a criação de equipes multidisciplinares em todos os campos da ação humana; enquanto isso, os atuais Grandes mandatários são tão poderosos como os reis absolutistas, combatidos pelos Maçons das luzes, nos anos finais da Idade Média e iniciais da Idade Moderna.

Da análise do conceito de Constituição: normas gerais que regulam uma associação; mais especialmente, regras e princípios básicos que dirigem a estruturação, organização e distribuição de poderes dentro de um Estado. A constituição é uma legislação fundamental que define as fontes, propósitos, usos, restrições e limitações do poder público. A estabilidade e eficiência de uma constituição dependerá de sua capacidade de incorporar e refletir os valores predominantes da sociedade; sua legitimidade perante a população interessada e as instituições, assim como o respeito devotado a ela pelas elites fazedoras de opinião do povo usuário.

Conseqüentemente no regime democrático o mais importante é o legislativo, cuja tarefa é elaborar as leis; aprová-las quando originárias de outros setores; e sobretudo fiscalizar o poder executivo, e, também, seria de boa geometria incluir na legislação a fiscalização do próprio judiciário; porque é o único órgão eleito pela população, e numa verdadeira democracia, todo poder emana do povo e só em nome dele, pode ser exercido. Entretanto na experiência do cotidiano, vê-se um dirigente onipotente ditando regras e normas aos demais órgãos do Poder.

Conforme a análise anterior as atuais constituições têm: G.·. O.·. B.·. – 1985 – cento e noventa artigos e G.·. O.·. P.·. – 1991 – cento e sessenta e nove artigos, enquanto a que serviu de modelo antigo tem oitenta e cinco artigos. Ainda se comparar com a de 1902, fundada por Trajano Reis, Joaquim P. Macedo, Vieira Cavalcanti e Euclides Bevilaqua, com os seus cento e onze artigos de uma Potência Mista, em cuja constituição incluíram a regulamentação dos Capítulos do Rito Moderno, Noaquitas, Supremo Conselho e dos Capítulos e Conselhos de Kadosh, em geral, ela se tornaria bastante sucinta. Isso sem levar-se em conta os parágrafos e alíneas, elevando o número de proposições constitucionais a mais de quatrocentos e cinqüenta itens. Logicamente, quem muito fala, muito erra, esse número de asserções em muitas ocasiões é contraditório e incoerente, ou de dúbia interpretação ocasionado confusões, atrapalhando a evolução dos trabalhos maçônicos e fazendo surgir distinções entre Obreiros e Potências.

Ao olhar-se para o futuro e procurar-se profetizar o papel da Maçonaria nesse porvir, torna-se evidente a necessidade primordial de se modificar as atuais constituições maçônicas para elas serem os suportes de uma organização mais simples e eficiente.

BIBLIOGRAFIA

1. CIEVA, Ricardo de la El Triple Secreto de la Masoneria. Fenix, 1994.
2. CLAVEL, F.T.B. Historia de la Francomasoneria. Editora y Distribuidora Mexicana: México, 1979.
3. Constituições 1956, 1979, 1987 e 1990.
   3.1. G∴ O∴ P∴.
   3.2. G∴ O∴ B∴.
   3.3. Grandes Constituições Escocesas - 1966.
4. HUTIN, Serge. As Sociedades Secretas. Inquérito: Lisboa.
5. LEPAGE, Marins. História e Doutrina da Franco-Maçonaria. Pensamento: São Paulo, 1978.
6. LINHARES Marcelo. História da Maçonaria. "A TROLHA": Londrina, 1992.
7. LOJA, Antonio Egidio Fernandes. A Luta do Poder Contra a Maçonaria. Imprensa Nacional. Casa da Moeda. Lisboa, 1986.
8. MARQUES, A. H. de Oliveira. A Maçonaria Portuguesa e o Estado Novo. Dom Quixote. Lisboa, 1974.
9. NANDON P. - A Maçonaria. Difusão Européia do Livro. São Paulo, 1968.
10. PALOU Jean - A Franco-Maçonaria Simbólica e Iniciática. Pensamento: São Paulo, 1964.
11. Dicionários e Enciclopédias.

1.4 – Uma Administração Maçônica Moderna

Sem passado e sem memória não se pode viver.
Eric Hobsbawm

Hoje não existem mais as grandes civilizações históricas como a sumeriana assíria, egípcia, grega, romana..., mas grupos organizados iguais aos dos sete países industrializados (Estados Unidos, Grã-Bretanha, Alemanha, França, Canadá, Japão e Itália) ao lado de outros conjuntos humanos, unidos em torno de interesses comuns (Mercosul, OPEP...), implicando não ser possível haver a decadência desta ou daquela cultura; porém de toda a humanidade.

Malgrado o extraordinário desenvolvimento tecnológico científico dessa última metade do século vinte, as outras correntes culturais continuam ligadas aos primitivos conceitos religiosos, ao instinto predador do homem, separando os irmãos em suas guerras étnicas ou religiosas; sem a percepção de ser o tempo de reconstrução da Jerusalém Celeste, e não da destruição do Templo; que não mais poderá ser reedificado como aconteceu com o de Salomão.

A História, a grande mestra dos povos, vem destacando os triunfos e as falácias humanas, todavia esses conhecimentos servem somente como discussões estéreis, e não são usados para dar uma vida melhor à sociedade.

Não se pode tratar de Maçonaria e sua evolução para uma fase melhor e diferenciada, sem rebuscar em sua memória os fatos mais importantes; os quais tiveram destaque nas transformações dela.

É difícil traçar a história das construções humanas, porquanto as primeiras edificações do homem foram feitas há oito mil anos, bem como os chamados mistérios explicativos da origem do universo e das criaturas, perde-se nos ritos e simbolismos gráficos da idade da pedra de sessenta a trinta mil anos do passado; conforme os achados arqueológicos.

Quanto à Maçonaria, ela em sua ritualística e simbólica tem como explicação esse pretérito místico e mítico e sob o aspecto administrativo e legislativo ela remonta à de Ofício; a qual tem como berço as "collegia" romanas, provavelmente, continuadas pelas confrarias dos monges construtores (beneditinos e clunienses), que deram origem às corporações de ofício; após o Papa Nicolau III conceder aos seus membros as condições de pedreiros livres, em 1277, isentando-os dos impostos, das jurisdições ordinárias e da obediência aos regulamentos municipais feudais e dos editos reais.

Seguindo os novos ventos, conseqüentes à reforma religiosa e à situação econômica geral, as corporações de ofício entraram em decadência e a sobrevivência delas dependeu dos Maçons aceitos, constituídos por pensadores, hermetistas, magos..., que buscavam nas Lojas a proteção contra as restrições sociais da época aonde havia somente servos e livres; sendo estes últimos pertencentes à nobreza e ao clero.

Em 1717 iniciou-se um novo modelo maçônico: o especulativo. Não foi um rompimento com as antigas tradições, mas um ajustamento realístico à nova sociedade; na qual o paradigma era a liberdade de pensar, de agir e de crer, sem os falsos dogmas religiosos, políticos, filosóficos e científicos.

Segundo Antonio Arnaud (Introdução à Maçonaria):

> *A Maçonaria, aquele e outros movimentos libertadores, envolveu-se naturalmente na criação de um homem novo e na construção de uma sociedade melhor. Era imperioso adaptar-se aos ventos da História, sob pena de mergulhar no silêncio das vozes apagadas pela erosão dos tempos. Adaptou-se e renasceu com redobrado vigor, mantendo-se fiel à sua missão, que é a de ser a luz na escuridão circundante, uma força operativa na transformação do mundo, um movimento de progresso, de paz e de fraternidade.*

De 1717 até as primeiras décadas do século XX, ela cresceu, agigantou-se na obra de libertação dos homens e dos povos; porém esqueceu-se que a tirania dormia, não estava morta e ela despertou sob a forma das doutrinas nacionalistas (fascismo e nazismo), das doutrinas materialistas (comunismo) e das religiões ultramontanas. Concomitantemente, o processo de cisão iniciado em 1758, com a fundação da dissidente Grande Loja de York (talvez a primeira patranha maçônica) disseminou-se pelos Grandes Orientes e Grandes Lojas do mundo contaminadas pelas imperfeições, vaidade e luta pelo poder, mesmo efêmero, deram origem à divisão de filhos da luz (regulares) e das trevas (irregulares), de acordo com as resoluções da Grande Loja Unida da Inglaterra (1929) e da Conferência dos Grandes Mestres Maçons da América do Norte, com sua comissão de Informação para Reconhecimento, em 1952; cujos resultados foram e são profundamente danosos a uma ordem fraternal.

Apesar de todo esse obscurantismo, perseguições políticas e religiosas, das mentiras do conúbio – Judaísmo, Maçonaria e Bolchevismo – após a última grande Guerra o crescimento da ordem maçônica torna-se evidente em todo o mundo civilizado, contudo ela não poderá dormir em berço esplêndido; porque no amanhã, novamente, ela poderá sofrer as conseqüências funestas de sua desídia inconseqüente do presente, e para isso teria de se atualizar predominantemente em sua organização administrativa, seguindo o espírito da época. Inicialmente, modernizando as próprias legislações como suporte de uma administração dinâmica e consciente de seus objetivos principais.

Voltando à História da humanidade lá por três a quatro milhões de anos atrás encontrou-se pegadas fossilizadas de um casal e uma criança, caracterizando a existência de uma família nuclear.

A reunião das famílias formava as primitivas hordas; para melhor protegerem-se, caçarem e procriarem; pois desde cedo o homem deve ter percebido que as uniões endogâmicas traziam prejuízo à prole, daí a exogamia dos primitivos.

Também deve ter aparecido para dirigir a horda um conselho dos mais velhos pela experiência de vida.

As clãs nômades, cujos membros se consideravam descendentes de um antepassado comum, deificado, e no Egito eram venerados como um totem; o lobo, o chacal....

Lá pelos meados do VIII milênio A.E.C., os povos nômades se sedentarizavam-se e agrupavam-se em aldeias, conforme os achados em 1948, a leste de Kirkuk, chamada Kalaat Jarmo. As escavações descobriram restos de vinte casas de paredes de lama, com uma população provável de cento e cinqüenta pessoas, algumas sepulturas, vasos de pedra, figurinhas de animais e de "deusas-mães" em argila. No ambiente, ossadas de cabras, carneiros, boi, porcos e cães caracterizavam a domesticação destes animais, e também a presença de grãos de trigo e cevada documentavam a existência da agricultura.

Por outro lado a união dos clãs ou hordas formavam a tribo, e dentre elas a indo-européia ou os povos indo-europeus que, em 1700 A.E.C., provenientes, talvez, das planícies russas, e tinham dois elementos que lhes proporcionaram grandes vantagens militares: o cavalo e o ferro. Além dessas invasões dos hititas, cassitas e mitanianos na região mesopotâmica, houve a dos aqueus, dórios e jônicos na Grécia e dos gauleses latinos e úmbrios e samnitas na formação da Roma.

Seria interessante estudar-se a evolução dos usos e costumes dos indo-europeus nas várias civilizações antigas, principalmente Grécia e Roma, porém tornar-se-iam extensas demais estas considerações e perder-se-ia o sentido principal e, assim, a teoria da trifuncionalidade baseada nas funções sociais: sacerdotes, guerreiros e agricultores; ressurge no Ocidente Medieval, durante os tempos carolíngios, portanto depois do desmoronamento de todos os antigos sistemas conceituais indo-europeus (gregos, latinos, célticos ou germânicos), justificando a ordem feudal, com os seus três Estados: o clero, a nobreza e o povo. Sejam quais forem as vias pelas quais a idéia chegou aos intelectuais carolíngios, a sua origem arcaica não pode oferecer dúvidas.

Esse sistema gerou as monarquias absolutas de direito divino, amparada pelo clero, cujos abusos do poder obrigou aos povos as reações, transformando as absolutas em constitucionais ou em Repúblicas.

É de consenso geral que os governos variaram e variam de acordo com as necessidades criadas pela evolução econômica e política dos povos. Vive-se em um universo em mudanças, e tudo muda: história, moral e até mesmo a geografia também transforma-se. E os governos, em forma, em métodos e em organização, também se alteram.

Os gregos tentaram sistematizá-los por intermédio de Aristóteles, segundo o qual existem as formas puras e as impuras. As puras seriam a monarquia, governo de um só; a aristocracia, governo de vários e a democracia, governo do povo. As formas impuras derivam das primeiras deturpadas. Quando o governo de um só não visa o interesse geral e sim ao particular do governante, a monarquia vira tirania. A aristocracia transforma-se em oligarquia. E a demagogia é a corrupção da democracia.

Alguns autores atualmente preferem quanto à origem, à organização e ao exercício classificarem-nos: quanto à origem – democráticos ou populares e de dominação. Sob o aspecto de organização eles seriam de fato e os de direito. Quanto ao aspecto do exercício eles serão absolutos ou constitucionais.

Sem entrar-se nas conceituações dessas formas governamentais; pela própria origem e passado de lutas libertárias, os governos maçônicos deverão ser: democráticos, de direito e constitucionais. Esse tipo de governo terá uma assembléia do povo, que escolherá o seu presidente, o qual poderá ou não ser o chefe do poder executivo.

O órgão mais importante da organização política administrativa é a assembléia do povo, que nas civilizações mais antigas era constituída pelo Conselho dos anciões por causa da experiência e do comedimento da conduta conseqüente às vivências dos mais velhos. Esse conselho escolhia o decano entre eles, e nos momentos de perigo um chefe guerreiro, cuja função era de formação do exército e chefiá-lo, sendo depois a força armada dissolvida, voltando todos os homens as suas atividades produtivas agrícolas ou de pastoreio.

Portanto, bastaria para as Potências Maçônicas a criação da Assembléia do povo, devidamente eleita, que escolheria o chefe do executivo, ou ele também seria eleito democraticamente. Essa assembléia seria não só formada pelos eleitos, mas também pelos Grão-Mestres anteriores ou como membros reais, ou como órgão de consulta.

A administração geral teria um secretário e um tesoureiro e as múltiplas assessorias: planejamento, liturgia, relações públicas, econômicas, relações internas, educação e cultura, de constituição e justiça. Todos seriam simplesmente denominados de IIrm∴ sem os precedentes ridículos, grandes, colocados antes da função, que parece ser uma reminiscência das velhas ordens dos monges guerreiros, as Milícias de Cristo cujos restos ainda são encontrados hoje como as Soberanas Ordens Militares Hospitalares: de São João de Jerusalém de Rodes e de Malta; de São Lázaro de Jerusalém; de São João D'Acre e São Tomás; a Ordem Soberana e Militar do Templo de Jerusalém e a Ordem Eqüestre do Santo Sepulcro de Jerusalém, as quais procuram manter as tradições da antiga nobreza e do clero, enquanto a Maçonaria é popular, igualitária e fraternal.

Existe a necessidade atual de corrigir-se a terminologia pomposa dos membros e dos órgãos maçônicos, bem como a dos altos Graus; pois torna-se claro ao mundo contemporâneo a falácia dos epítetos dados na organização maçônica aos vários Graus e a elementos da organização. É uma realidade a ser revista por não pertencerem às primitivas corporações de ofício cujos membros eram mestres, oficiais e aprendizes, havendo um diretor artístico, o arquiteto e um diretor administrativo, o mestre de obras, sem qualquer outra distinção honorífica.

Nesse caso dever-se-á substituir a vaidade pela real operosidade e sabedoria.

Não ousamos criar um modelo administrativo, nem uma constituição; porque o nosso conhecimento de leis e de administração são os de um cidadão comum, e mais ligado às ciências naturais e matemáticas. Deixemos aos especialistas nessas áreas a atribuição de realizarem o grande salto para o futuro.

Todavia como se procurou demonstrar as nossas atuais estruturas, estão mais próximas das velhas e arcaicas ordens de cavalaria, acima citadas, do que deste mundo, onde predomina a rapidez, a simplicidade, a informação..., não tendo mais lugar para certas tradições e princípios retrógrados e escravizantes.

Precisa-se de uma ordem maçônica jovem, dinâmica e simples para atender as necessidades de mudanças da época; porém, sem perder as velhas e reais tradições dos antigos mistérios, bem como da moral onde predominava a dignidade, a honradez e a hombridade. Cultue-se esses três princípios para se antepor à hipocrisia, à vileza e à indignidade.

Até ousar-se ia criar um esquema, tendo como órgão máximo um Conselho de representantes eleitos pelo povo maçônico, que escolheria uma diretoria geral com três gerências e assessorias.

Detalhando um pouco a diretoria geral, também, caso não se queria perder a tradição, poderia ser denominada de Grão-Mestrado e o diretor geral Grão-Mestre; que teria como órgãos consultivos as assessorias: de relações internas, externas, administrativa, financeira, jurídica e litúrgica.

Uma gerência administrativa composta por secretaria, recursos humanos, biblioteca, informática, material e serviços gerais.

Uma gerência financeira responsável por toda a contabilidade, incluindo o orçamento, contas a receber, contas a pagar e mútua maçônica.

Quando fosse necessário criar-se-ia um grupo operacional com atribuições bem determinadas. Exemplificando: para se determinar um ritual formava-se um conjunto de pessoas de reconhecido conhecimento ritualístico (se é que existe); elaborariam o ritual e depois da aprovação seria dissolvido.

Ainda poder-se-ia pensar num sistema tipo parlamentarista, com o Grão-Mestre como guardião das tradições maçônicas e o diretor geral encarregado da parte burocrática administrativa.

São algumas sugestões para a Maçonaria dinamizar suas errôneas, arcaicas e anacrônicas estruturas funcionais, simplificando sempre toda essa parafernália de nomes e aventais pomposos, bem como de um gerenciamento operativo mais condizente com as necessidades modernas, cuja evolução em grandes saltos quânticos deixa a todos atônitos diante das transformações pelas quais passa o planeta e seus habitantes, destruidores racionais.

1.5 – Filosofismo Versus Simbolismo

Antes de mais, é necessária uma limpeza, pois as estrebarias de Augias estão atulhadas. As anteriores gerações, por todo lado deixaram explicações que, de um modo geral, devem ser rejeitadas, quer sejam absurdas quer razoáveis.
Georges Dumézil

Augias, rei da Élida, foi o inspirador do quinto trabalho de Heraclês (Hércules) de limpar seus estábulos para três mil bois, que não eram limpos há trinta anos. Hércules mudou o curso de dois rios e fez o trabalho em um dia.

Há trabalhos difíceis, mas não impossíveis, basta desviarmos os cursos dos rios das opiniões pessoais, e de conceitos imutáveis para o da procura da verdade relativa, e das idéias permanentes pelo da natural evolução do pensamento humano, graças às conquistas científicas.

Hoje a Maçonaria é uma estrebaria de Augias, onde toda série de "achismos" e "invencionices", considerados como intocáveis, entulham todos os caminhos impedindo que a sua face real, fraterna e progressista, venha à luz do Sol.

Dentre esses mistérios, diferenciamos o aspecto das contradições relativas ao simbolismo e filosofismo maçônico em sua aplicação no cotidiano das Lojas.

É do conhecimento geral existirem Ritos unicamente com três Graus chamados simbólicos, por exemplo, Emulação e Schroeder e outros com vários Graus chamados de filosofismo, dos quais citamos o Escocês, Antigo e Aceito, o Moderno e Adonhiramita.

Esses últimos Ritos são estruturados em trinta e três Graus, sete Graus e treze Grau respectivamente, que por imposição do quinto quesito dos princípios básicos para o reconhecimento de um Grande Loja; "Que a Grande Loja terá jurisdição sobre as Lojas sob seu governo próprio, com autoridade exclusiva e indiscutível sobre a Ordem ou Graus Simbólicos (Aprendiz, Companheiro e Mestre Maçom) dentro de sua jurisdição; e não estará sujeita de modo algum a dividir tal autoridade com um Supremo Conselho ou outra Potência que reclame domínio ou inspeção sobre aqueles Graus".

Essa condição, que deveria ser de uso exclusivo das Grandes Lojas, foi assimilada, também, pelos Grandes Orientes e transformou-se em dogma de fé, por Maçons incautos, que não se deram ao luxo de fazerem uma crítica de semelhante proposição e aceitaram-na como verdade revelada; ou por Maçons safados em sua ânsia de poder e projeção na Ordem; ou social. A última hipótese é descartável, pois a Maçonaria é para homens livres e de bons costumes fraternos e humildes ...

Chegou-se ao absurdo de se proibir em Lojas do R∴ E∴ A∴ A∴ , o uso de Aventais do filosofismo nas Oficinas dos três Graus Simbólicos.

Segundo consta e, é aceito, de ter o R∴ E∴ A∴ A∴ trinta e três Graus, conforme foi organizado nos Estados Unidos da América, cuja comunicação de dezembro de um mil oitocentos e dois, em Charlleston com o nome de: Grande Conselho Supremo dos Poderosíssimos Soberanos Inspetores Gerais, num Supremo Conselho do Grau 33. A circular continha uma relação dos trinta e três Graus; porém faltando dar nomes ao 30º e 32º, porquanto 29º era Kadosh e 31º Príncipe do Real Segredo. Posteriormente foi organizado como hoje o conhecemos.

Assim, só há uma verdade: esses Ritos são constituídos por mais de três Graus; e logicamente, numa visão holística eles são formados por mais de três Graus Simbólicos estruturados em um todo ritualístico, malgrado esse conjunto não tenha uma seqüência lógica e progressivamente educativa. É um complexo desordenado, entretanto tem pretensão de serem complementares entre eles.

Se os Graus Simbólicos e os do filosofismo formam uma unidade, por que os separar? Há a criação às vezes de um verdadeiro antagonismo entre os dirigentes desses corpos maçônicos: Grande Oriente ou Grande Loja e Supremo Conselho.

Sempre o eterno dualismo criador de dissensões antifraternas.

Seria muito bom para as Potências envolvidas criarem uma entidade que as unissem para o melhor uso de um desses Ritos. Mas a vaidade, a prepotência, impedem os dirigentes de irem além de um simples tratado de prestação de serviços mútuos. Ficamos na letra que mata, e não no espírito que vivifica.

Na era da Globalização temos de pensar num sentido unitário e não múltiplo.

Usando a dialética (o exame crítico na busca da verdade) teríamos a tese: a separação total dos corpos maçônicos; a antítese: a junção desses corpos.

Analisemos a tese. Que benefícios trouxe à ordem maçônica essa divisão? Tornou os Maçons mais fraternos? Proporcionou melhor desenvolvimento iniciático aos membros da ordem? Ofereceu maior aumento populacional à Maçonaria?

Não acarretou qualquer benefício à Ordem Maçônica, porque a separação quebrou a unidade do Rito, com a agravante de muitas vezes a falta de uma perspectiva evolutiva para o Maçom, leva-o ao desânimo e conseqüente abandono da Ordem, como mostram nossas estatísticas: perto de 50% dos obreiros ou pedem o "quite-placet" ou simplesmente abandonam as Lojas. Sabemos existirem outras causas para esse estouro do rebanho, como: Sessões mal planejadas, monotonia dos trabalhos, lutas entre grupelhos, a pregação de doutrinas ocultistas por alguns membros, e sobretudo a falta de uma finalidade devidamente explicitada e praticada.

Todas essas questões poderiam ser minimizadas se em lugar de se tratar de coisas estranhas à corporação, instruíssemos sobre os altos Graus e como os alcançar e deixar os IIrm∴ usarem seus Aventais vistosos filosóficos em Loja; o que teria a função de despertar a vaidade de alguns IIrm∴ ou o instinto de curiosidade, ainda importante elemento da motivação humana.

Poderiam argumentar ser a Maçonaria uma escola de igualdade, e os Aventais do filosofismo mostrariam a face da desigualdade maçônica. Contudo os Aventais de Aprendiz, Companheiro e Mestre são iguais? Além desses Aventais há na maior parte das Potências o uso de vestimenta própria para os membros do Grande Conselho, das Assembléias Legislativas e os especiais para o Grão-Mestre e seu adjunto.

Logo, qualquer que seja a proposição contrária ao uso de Aventais dos altos Graus em Lojas Simbólicas, não resistem às condições existentes, anulando qualquer crítica nesse sentido.

Seria um assunto a ser resolvido em futuras constituições e regulamentos, e serem elaborados visando o futuro real, e não ideal da Ordem.

Portanto, tendo a tese não resistido à análise crítica de sua veracidade, impõe-se a antítese: a junção unitária dos Ritos Maçônicos de altos Graus.

E a síntese dar-nos-ia a maneira de executá-la.

Há várias alternativas de solução. Criar-se um órgão paritário em cada Potência com a função de sistematizar, organizar e administrar as relações entre as partes interessadas, como um Colégio ou diretório de Ritos; ou melhor, a constituição estabelecer um poder litúrgico, ou mais simples e mais de acordo com a situação moderna: uma simples comissão formada pelas partes.

Também não poderíamos deixar de aventar uma solução drástica: acabar com os altos Graus ou transformá-los num todo instrucional progressivo e harmônico.

São várias as soluções plausíveis, desde que sejamos livres e independentes, sem Potências, ditando normas para todos os Maçons da Terra.

A Maçonaria atual está entulhada de extensas leis, tradições inexistentes, e usos e costumes bem diferentes dos primitivos operativos e especulativos.

O estábulo de Augias está cheio de excrementos. Vamos alterar o curso dos rios do conservadorismo inoperante e da supremacia anglo-americana, para transformá-la nos rios da evolução e liberdade maçônica.

Capítulo II

O Conhecimento Geral e Maçonaria

2.1 – A Cultura em Maçonaria

O Pensamento e a ação constituem, juntos, hoje como ontem e amanhã, a mais prodigiosa aventura do homem.
Maurice Herzog

2.1.1 – CULTURA E CIVILIZAÇÃO

Nada fica estático no universo dinâmico. Mesmo os conceitos evoluem, e assim o termo cultura, tradicionalmente, expressa a idéia de um desenvolvimento, de um aperfeiçoamento da pessoa que se institui enriquecendo seu bom gosto, seu senso crítico e seu julgamento, enquanto que civilização seria um conjunto de fenômenos sociais específicos de um grupo, ou comum a vários grupos. A primeira seria individual e a segunda de uma coletividade. Entretanto esse emprego caiu em desuso; pois numa visão global (holística) do progresso social e individual, torna-se muito difícil estabelecer um divisor de águas entre os dois fatos, e na linguagem dos filósofos e antropólogos modernos o vocábulo cultura tende a se identificar com emprego tradicional do alemão "kultur", através do francês "culture", para "cultura" em português.

Cultura, é um termo genérico, empregado em duas acepções básicas: costumes, civilização e feitos de uma época ou povo determinado; ou arte e outras manifestações do intelecto e da sensibilidade humana, consideradas coletivamente. Malgrado a imprecisão dos termos, poder-se-ia agrupar os principais significados dados à palavra em dois grupos: antropológico e artístico. No primeiro, a cultura equivale ao modo de vida da sociedade em todos os seus aspectos: idéias, crenças, instituições, costumes, leis, técnicas e conhecimentos (científicos ou filosóficos). No segundo grupo, ela é conceituada de modo mais restrito (e, segundo alguns, com mais profundidade) como os elementos mais civilizados de uma sociedade, especialmente os expressos pelas artes e atividades intelectuais.

Adotando-se a primeira acepção, deve-se considerar todos os seres humanos como dotados de cultura, pois todos fazem parte de algum sistema cultural, ainda que diferente dos demais. Logo, cada pessoa tende a ver e julgar outras culturas a partir de seus valores culturais; donde decorre uma noção central em antropologia e outras ciências sociais: o relativismo, isto é, a idéia de que as crenças e os comportamentos só podem ser entendidos em relação ao próprio contexto grupal. Já o segundo sentido implica em que apenas uma minoria, em cada época e sociedade, tem condições de dominar os princípios culturais, pois eles são resultantes do refinamento, das aspirações e dos esforços de aprimoramento dos indivíduos.

Teríamos outras definições de cultura como a etnóloga Margaret Mead: "é o conjunto de formas de comportamento adquirido, peculiares a um grupo de indivíduos ligados por uma tradição comum e transmitidas através da educação. Para Linton: "Uma cultura é o modo de vida de uma sociedade".

Considerando os conceitos expostos notamos ser cultura fruto de comportamentos adquiridos e transmitidos pela educação. A cultura é o que se acrescenta à natureza.

Todavia as diversas culturas são comunicáveis entre elas. Por exemplo, nas crenças religiosas, como o cristianismo, há o sincretismo entre o messianismo judaico e das religiões orientais que admitem a felicidade após a morte.

Variáveis em seu conteúdo, essas expressões da criatividade humana demonstram ser a cultura, sob sua forma religiosa, técnica, artística e científica, ter suas origens na natureza humana universal. Deixando à antropologia a preocupação de fazer o inventário e a análise das culturas, o filósofo parece, pois, fundamentado para refletir sobre a cultura humana.

Nossa atual civilização cristã e ocidental, alicerçada na Ciência e na técnica, exerce sobre todas as outras culturas um prestígio considerável, e a facilidade cada vez maior dos meios de comunicação e intercâmbio, deixa entrever para breve uma uniformização geral da humanidade, ou pelo menos já temos noções gerais e mundiais na informática, nas ciências e na evolução do pensamento.

Poderíamos considerar a existência de uma cultura maçônica, expressa pelos ritos, leis, falares e usos e costumes, tradições e mesmo artística: as construções da Maçonaria operativa, a literatura própria, e outras manifestações a serem analisadas e dentro das modernas tendências mundiais de visões globais e de pensamento sistêmico.

Seria muito difícil, como querem alguns, criar uma Maçonologia, a ciência da Maçonaria; porque o conceito de ciência mais aceito hoje é o baseado na experimentação, cujas fases podem ser: 1 – a observação de um evento; 2 – a formulação de uma hipótese explicativa; 3 – a criação de um modelo experimental para demonstrar a veracidade da suposição inicial e, finalmente, a elaboração de uma teoria geral; que serviria para explicar todos os fenômenos relacionados com o observado.

Tal conceituação traz em suas raízes a visão da revolução científica do início do século XVII, e é freqüentemente apresentada como um triunfo do intelecto humano; e, para maior precisão, que primeiro foi necessária uma revolução filosófica, conseqüente à revolução técnica, dando melhores instrumentos a observação dos fatos. Assim, do estudo da óptica por Galileu, surgiu o telescópio permitindo observar o universo infinito em sua extensão e grandeza. E a invenção do primitivo microscópio, por volta de 1590, por Zackarias Janssem, possivelmente, proporcionou amplificar a observação e estudo das estruturas pequenas como as células, permitindo maior conhecimento dos seres vivos. Esses inventos abriram o caminho para o conhecimento do macrocosmo e do microcosmo. O próprio Galileu com os seus experimentos em Física, é considerado como um dos fundadores do método experimental.

Também a revolução filosófica foi produzida por pensadores como Telésio, Giordano Bruno, Companella, Descartes e tantos outros gigantes.

Todavia, a ciência considerada como um conjunto pronto e acabado de conhecimento, é a mais impessoal das realizações humanas; porém, considerada como um projeto que se realiza progressivamente, ela é subjetiva e psicologicamente condicionada como qualquer tentame humano.

Segundo Einstein, o verdadeiro homem de ciência é totalmente impregnado por um sentimento religioso cósmico. Explicando ele diz: "Trata-se do terceiro grau da vida religiosa, sendo os dois primeiros, respectivamente, a religião animista e a religião moral".

Pelo pensamento, do mais ilustre cientista de todos os tempos, era um elo entre a religião e a ciência, e como essa última sofreu a influência das idéias filosóficas, poderíamos concluir da necessidade do conhecimento ser abordado sob vários aspectos, onde a ciência concretizaria, no campo objetivo, as especulações filosóficas e científicas, formando um todo cultural.

A cultura maçônica não pode ficar restrita ao estudo dos fatos mostrados pelos autores maçônicos dentro do contexto da própria Maçonaria, mas ela tem de ser inserida dentro de um conjunto cultural maior, onde todos os vetores: filosóficos, científicos, religiosos, econômicos, políticos e de um modo mais amplo e generalizado, sociais, colimarão na determinação da posição dela para o seu futuro cósmico.

Sem abrirmos muito o leque de inquirições, ficaríamos com as três vertentes mais importantes: a filosófica, a científica e a religiosa. Dentro das idéias filosóficas destacaríamos como as mais aceitas, atualmente, como escolas sobre origem do conhecimento; de acordo com a epistemologia clássica: empirista, a racionalista, a intelectualista, a apriorista e a intuicionista. Poderíamos citar outras como a positivista, existencialista..., e as predominantes na Idade Média: a patrística, a escolástica e a tomística, alicerçadas no platonismo ou no aristotelismo, cujo valor estaria ligado à epistemologia genética.

Referente às concepções científicas estudaríamos os atuais progressos da biologia, com especial destaque dos estudos genéticos ligados à Eugenia e à clonagem. Também seria importante desmitificar alguns tratadistas que dão uma importância errônea à glândula Pineal, com suas supostas relações espirituais. Seriam muitos os parâmetros a serem revistos como no setor da astronomia, demonstrando ser a astrologia uma fase arcaica da cultura humana, sem qualquer fundamento teórico-científico, sendo simples crendice, a qual juntamente com os ocultismos, teosofias, hermetismos, esoterismos e outras ciências secretas, seria colocada no museu da Maçonaria; onde deveriam ser soterradas pela areia do fluxo e refluxo das marés.

Finalmente a religião com suas infinitas seitas e doutrinas, partindo das animistas, passando pela natural (preconizada por Anderson em 1723), até chegarmos à cósmica, onde o homem sente-se espiritualmente unido a todo o universo. Ele e Deus formam uma unidade, à qual participam todos os demais seres. Entretanto, para chegar a essa visão holística, ele terá de conhecer todo o lento caminhar da humanidade dos deuses que exigiam sacrifícios humanos, até o Deus Criador: Ser de amor infinito.

O homem comum é um desconhecedor das descobertas e criações científicas, geradoras de impasses nas doutrinas religiosas, e de mutações nas interpretações filosóficas, mas ele usufruiu da tecnologia, fruto das pesquisas científicas para sua melhor saúde, lazer, alimentação, melhorando toda sua vida, prolongando-a; porém, ele continua procurando a felicidade, apesar de termos aprendido a dominar os recursos da natureza, a modificar nosso ambiente pelo conhecimento do nosso mundo por meio das ciências; de apreciá-lo por meio das artes e de procurar o significado do nosso papel único através da filosofia e religião.

Sendo a Maçonaria um dos elementos deste acervo cultural, agindo e reagindo às formas evolutivas humanas e sociais, é necessário descobrirmos o papel dela no momento atual para projetá-la em seu futuro.

Examinando a cultura agora notamos as suas profundas modificações, conseqüentes às conquistas científicas, dando novas elaborações filosóficas, e mesmo as religiões inexpugnáveis pelas muralhas dos dogmas, sente as rachaduras dessas muralhas e algumas procuram fechá-la com modernizações, enquanto outras usam do cimento enfraquecido das crendices e superstições na tentativa de manterem seus privilégios de administradores do sagrado.

Iremos tentar analisar alguns desses conhecimentos, suas possíveis conseqüências no aprimoramento do homem, e suas relações com uma Ordem iniciática, cuja finalidade maior é a fraternidade humana, tendo por base a igualdade de direitos e a liberdade de pensar e agir com responsabilidade calçada num código de direitos e deveres.

2.2 – Maçonologia e o Conhecimento Atual

2.2.1 – Introdução

O perigo é que fomos educados para pensar que dispomos de todo o tempo do mundo. Mas o tempo urge. E tanto que mal ousamos pensar o quanto é curto.
C. P. Snow

Entre tantos dos criacionismos maçônicos, há o da maçonologia; que de acordo com a etimologia teríamos: Maçom, membro da Maçonaria, pedreiro livre; e logos (logia), palavra, estudo, tratado..., dando, conseqüentemente, maçonologia: o estudo da Maçonaria.

Por outro lado, ciência seria conhecimento, saber, informação..., e assim unindo os dois conceitos veríamos que para o estudo da Maçonaria haveria a necessidade de informações, conhecimentos, e, logo, teríamos a existência de uma ciência maçônica.

Entretanto o Pe. Valério Alberton em seu artigo, repete a pergunta de Alec Mellor:

– Mas, a Maçonaria é, de fato, Ciência?

Depende do ponto de vista abordado. Se a interpretarmos sob o aspecto moderno das ciências da matéria como a química e a física, ou seja, o conhecimento baseado no método experimental; composto por três fases:

primeiramente, observar os fatos, em seguida propor uma explicação conjetural para os mesmos, a hipótese; e finalmente, retorna-se a experiência para verificar a hipótese; comprovada a hipótese poder-se-ia criar uma teoria; um modelo para explicar todos os eventos semelhantes. Exemplificando, a teoria atômica, primitivamente, segundo Demócrito, o átomo seria a menor partícula indivisível da matéria; depois passou a ser formado por um núcleo positivo e elétrons negativos e, finalmente para se transformar na moderna teoria de múltiplas partículas, que se transformaram em energia: a substância prima na formação de nosso universo e, provavelmente, de outros milhares de universos infinitos.

Sob esse prisma a resposta seria: não!

Temos as chamadas ciências matemáticas, hipotético-dedutivas. O matemático propõe a si mesmo um sistema de definições e axiomas e, dessas hipóteses tira uma série de conseqüências. Basta-Ihe serem os axiomas fundamentais independentes e compatíveis e que os teoremas deles deduzidos corretamente, criando, às vezes, teorias ou modelos sem aplicação tecnológica, no momento, porém de grande utilidade para o futuro, como o caso de Cauchy, ao apresentar na academia de Ciências um trabalho sobre números imaginários, sendo criticado severamente pela imprensa, por esse delírio de abstração, enquanto outros assuntos mais importantes, como evitar o naufrágio de um barco, por falta de sinalização, semelhante ao ocorrido pouco antes. Todavia os engenheiros adaptaram o simbolismo dos imaginários aos fenômenos das correntes alternadas fazendo evoluir as técnicas elétricas; que entre outras conseqüências – a melhoraria da iluminação dos faróis.

Também, a Maçonaria não é propriamente uma ciência hipotético-dedutiva.

Biologia, palavra surgida no século passado, na obra de Lamarck, é a ciência dos seres vivos.

Ela pode usar o método experimental quando estuda a taxa de glicose sangüínea humana, porém ao mesmo tempo formula teorias, como a transformista, segundo a qual as espécies vivas não são fixas e distintas, entretanto variáveis e suscetíveis de se transformarem umas nas outras. A teoria transformista evolucionista explica a semelhança entre as espécies a partir de uma filiação única. As formas vivas atuais derivaram de outras do passado, porém o processo continua ainda hoje.

O transformismo, aceito quase unanimemente pelos biologistas, opõe-se ao fixismo, baseado na Gênesis, quando Elohims cria no segundo tempo as selvas e no quarto período todos os seres animais. Essa teoria infantil e ideológica, hoje, tem poucos seguidores e assim mesmo procuram adaptá-las às contingências modernas; pois a teoria evolucionista permite coordenar, compreender um grande número de fatos bem diversos de origens biogeográficas, anatômicas e paleontológicas.

Lamarck com a sua: A Filosofia Zoológica (1809), e Darwin: Da Origem das Espécies (1859), foram os pioneiros do transformismo, cujos achados arqueológicos vêm demonstrando a cada nova descoberta a veracidade da referida teoria, e a falácia do fixismo.

E inquestionavelmente a Ciência Maçônica não pode ser incluída nas ciências biológicas.

Contudo a diversidade de observações sobre os homens em suas relações entre eles e o meio ambiente fez surgir sob a rubrica de ciências humanas, o conjunto das disciplinas que tem por objeto o estudo das atitudes, e dos comportamentos humanos. E foram catalogadas como ciências humanas: a História, a Sociologia, a Psicologia, a Geografia humana, a Economia política...

Às vezes, essas disciplinas ainda são chamadas impropriamente de ciências morais.

Todavia com a evolução do estudo das ligações entre os homens e o ambiente, criou-se as ciências sociais voltadas para o estudo das sociedades humanas e das relações sociais. As disciplinas envolvidas nessa ciência, além das acima descritas, são: antropologia, demografia, ciência política; ampliando o campo das pesquisas. A princípio, numa analogia com as ciências humanas, procurou-se adaptar o estudo da sociedade aos métodos de investigação do mundo natural, conhecido como naturalismo ou positivismo. Porém, no final do século XIX muitos pensadores, entre os quais se destaca Weber, passaram a sustentar que o rigor científico das ciências sociais não depende de se copiar ou adaptar os métodos das ciências naturais. Em lugar de formular explicações na forma de leis naturais, ou trabalhar estatística e numericamente, o estudioso social deveria proceder de modo mais intuitivo e subjetivo, e compreender a realidade humana com que se defronta.

Talvez a Maçonaria poderia ser enquadrada dentro das ciências sociais, porém as idéias iniciais de classificação das ciências de Comte, segundo o grau de complexidade é a seguinte: Matemática, Astronomia, Física, Química, Biologia e Sociologia.

Entretanto, o estudo preliminar introdutório mostrou ser o assunto mais complexo do que a previsão do criador do positivismo e assim o filósofo das ciências Mário Bemge classificou-as em formais (lógica e matemática) e fatuais. Essa última dividida em dois sub-ramos: naturais (física, química, biologia e psicologia individual), e culturais (psicologia social, sociologia, economia, ciência política, história material e história da idéias.

Wundt classificou as ciências em: formais e reais. Sendo formal somente a Matemática; e as reais ele dividiu em dois sub-ramos: Ciências da natureza e as do espírito; sendo ambas agrupadas em fenomenológicas, genéticas e sistemáticas.

As ciências da natureza fenomenológica são: física, química e fisiologia; as genéticas são: cosmologia, geologia, embriologia e filogênese; e as sistemáticas: mineralogia, zoologia e botânica, enquanto as ciências do espírito compreenderiam fenomenológicas: psicologia; genética: a história; e sistemáticas: direito, economia e política.

Se tomarmos esta última classificação a Maçonaria somente encontraria lugar entre as ciências reais do espírito e genéticas. Quanto à classificação anterior ela estaria entre as fatuais de aspecto cultural; e referente à primitiva de Comte ela seria um dos ramos da sociologia, e portanto uma ciência social.

Sem entrarmos em análises epistemológicas mais profundas, pela complexidade da Maçonaria, em suas relações com a evolução da humanidade sob os múltiplos matizes: históricos, antropológicos, filosóficos, religiosos, constituindo um todo complexo, poderíamos concluir não ter ela as características das ciências experimentais, propriamente aceitas como critérios da verdadeira ciência; porém devido a sua importância no domínio dos fatos sociais ela seria um conhecimento pertencente à sociologia, ou um novo ramo das chamadas ciências sociais.

Parece-nos ser ela relacionada às ciências sociais pela sua variada amplitude de conhecimentos, partindo dos primitivos fatos de magia, de sua história libertária, passando pelas conseqüências filosóficas e religiosas como complementação explicativa da herança tradicional dela.

O religioso acima referido diz; citando Alec Mellor:

> *Então, imagina ele, que amanhã se reúna um congresso mundial maçônico e que a Maçonaria Universal decreta sua própria dissolução para sempre.*
>
> *É certo que as pegadas deixadas por ela no planeta seriam de tal importância, que brotaria sem tardar um novo ramo do velho tronco da ciência histórica, a Maçonaria.*

Para nós ela, a Maçonologia, não seria um simples tronco da ciência histórica, mas uma das ciências humanas, ou ciências sociais; pois além dos seus usos e costumes, que podem ser historicamente estudados, mostrando um leque de fenômenos sociais, econômicos, religiosos e políticos a influir nas usanças maçônicas, ainda teríamos as tradições ritualísticas e simbólicas, obrigando ao estudioso ir procurar na antropologia física e cultural, na arqueologia, na lingüística, na mitologia e na mística das culturas, as explicações das origens de toda essa ciência tradicional.

Todas estas conjeturas leva-nos a influências científicas e sociais, filosóficas, religiosas e as conseqüências delas para a Maçonaria evolutiva, que terá de surgir no próximo milênio.

Partindo do real para o abstrato, do próximo para o remoto, vamos iniciar pelas ciências com sua evolução natural, criando novos conceitos em todos os ramos do conhecimento humano.

2.2.2 – A Cultu'ra Científica Moderna

Seria interessante fazermos um painel das ciências, bem como de suas influências na cultura atual, porém o desenvolvimento científico após 1717, foi de tal monta que se tornaria demasiadamente extensa; e, para simplificar, partiremos de uma elaboração abstrata.

Imaginaremos, possivelmente, nosso ancestral, chamado de Homo habilis preparando seus instrumentos de pedra lascada, lapidando-a por percussão. De repente uma faísca atinge um monte de musgo seco e ele pega fogo. Ou ele, o Homo habilis está friccionando dois fragmentos de madeira e subitamente surge uma pequena chama que se transforma em labareda. Como acontece no domínio da ciência o acaso guia os descobrimentos iniciais, conforme o ocorrido na descoberta da lei da gravidade, quando uma fruta, ao cair da árvore, inspirou Isac Newton, e, outro exemplo, em 1896, o físico Henri Becquerel, deixou por acaso numa gaveta uma chapa fotográfica e um pedaço de mineral de Radium e, para sua surpresa, apareceu a imagem do mineral, surgindo os compostos radioativos, que podem gerar energia construtiva ou a destruição e morte ao ser mal-empregada.

Logo após as pedras lascadas apareceram os objetos de pedras polidas, que nos fazem lembrar a nossa pedra bruta e cúbica ou piramidal, significando estágios evolutivos dos Maçons.

Com o advento da agricultura, apareceu o guardador de colheitas, enfim o responsável pela subsistência da comunidade; que, depois transformou-se no sacerdote, cuja tarefa era estudar o tempo para a plantação e a fartura, engendrando as práticas mágicas e os ritos de festividade ancestrais, de nascimento e morte, com os quais nossos Ritos Maçônicos guardam, até hoje, semelhanças.

Talvez, posteriormente ao guerreiro, o sacerdote foi a primeira personalidade a se destacar pelas funções de magia dos agrupamentos humanos, porém, quando o metal foi incorporado ao acervo da humanidade, surgiu na sociedade outra classe: os metalúrgicos, constituindo nos primeiros especialistas, os "técnicos" primitivos; cujos "mistérios" de ofício eram transmitidos por herança.

E, assim, teve começo a divisão do trabalho fixando a função de cada indivíduo no grupo; conseqüente a especialização, e acarretando a partilha dos frutos do trabalho – sinônimo de propriedade. A partir daí, a história das invenções dispara: a roda, o carro de boi, o burro de carga, o barco a vela, chegando aos rápidos caminhões, aos aviões supersônicos e aos navios modernos.

Contudo nessa viagem pelo tempo da evolução científica tivemos alguns momentos importantes, entre os quais surge a figura de Arquimedes, nascido por volta de 287 A.E.C, descobridor, conforme os relatos, por acaso, do princípio fundamental da moderna hidrostática.

A tradição ou a lenda imortalizou Arquimedes como um dos gênios da mecânica na Antigüidade; entretanto, além de descobrir os princípios das alavancas, das polias, ele foi elaborador de obras sobre geométrica e física, mas um dos seus possíveis inventos, no cerco de Siracusa, pelo general romano Marcelus, foram os espelhos radiantes, com os quais queimou parte das galeras do exército invasor. O assunto verdadeiro ou lendário, vem produzindo discussões desde o século I, até 1977.

Infelizmente, o sábio, já velho, foi morto pela brutalidade de um ignorante soldado romano, com um golpe de espada, dando fim a uma carreira científica das mais brilhantes de toda a história da humanidade.

Saltemos um pouco pela história, e pelo interesse maçônico, paremos a nossa máquina do tempo no século Xlll, com escolástica preconizando para o ensino as sete artes liberais desdobradas em trivium (Gramática retórica e dialética), e quadrivium (aritmética, geometria, astronomia e música); cujas origens estão em Platão; reafirmado por Varrão, o mais culto dos romanos, incluindo as sete artes medievais, a arquitetura, a medicina e a filosofia.

Hoje esses conhecimentos são bens delimitados, porém na época, exemplificando, a geometria incluía rudimentos de geografia; a astronomia inseria a física; a gramática compreendia a literatura; e a retórica continha a história. Tem importância para o pensamento cristão medieval, e sua projeção para o futuro, o renascimento carolíngio. As “capitulares” de 787 recomendam, em todo o Império, a restauração das antigas escolas e a fundação de novas. As que então se inauguram incluem as monacais interiores para os religiosos e exteriores para os leigos; as catedrais junto à sede dos bispados separadas entre as dos regulares e dos seculares, e junto às cortes as palatinas abertas a clérigos e leigos.

A capitular de 789 determina: “Que cada mosteiro e abadia tenham a sua escola, onde os meninos possam receber o ensino dos Salmos, do sistema de notação musical, do canto, da aritmética e da gramática”,...

Essas escolas podem ter sido as sementes das confrarias religiosas e das corporações de ofício pois encontramos no “The Regius Poem”: “Gramática, na verdade é a raiz que qualquer um aprenderá no livro, mas a arte se infiltrou em sua hierarquia, como o fruto faz com a raiz da árvore”.

A Retórica é avaliada com a colocação das belas palavras.

A Música é avaliada através das doces canções.

A Astronomia enumerou, meu prezado Irmão.

A Aritmética demonstrou uma coisa, que a verdade é outra.

A Geometria é a sétima ciência, que pode separar a falsidade da verdade, estas são as sete ciências, quem as utilizar de maneira certa alcançará o paraíso.

Enquanto algum clérigo escrevia o Poema Régio, já havia um extraordinário movimento renovador em toda Europa, baseado na redescoberta da antigüidade clássica greco-romana originando a Renascença, nome dado às transformações literárias, artísticas e científicas européias nos séculos XV e XVI, preparando o advento da Idade Moderna.

Esse movimento intelectual, estético e social, como tal, causou profundas modificações no sistema de pensamento desenvolvido durante a Idade Média, como resultantes do monaquismo, da cavalaria ou da escolástica, que eram instáveis pela aparente perfeição. Neles não havia lugar para o indivíduo. A Renascença, ao contrário, trazia como traço essencial: o individualismo. O conhecimento do homem, e não o de Deus, era o objetivo das novas idéias, resumidas numa palavra: Humanismo.

Porém não foi o Renascimento um movimento explosivo e abrupto. Ele começou a tomar forma com a tomada de Constantinopla pelos turcos, obrigando a muitos eruditos bizantinos fugirem e localizarem-se no Ocidente.

Desses helenistas destacam-se as figuras de Miguel Crisoloras instalando-se em Florença (1396), onde fundou uma escola de estudos gregos; e Basílio Bessarion que trouxe de Constantinopla mais de 800 códices gregos e latinos contendo as obras de Tácito, Sófocles e Tito Lívio.

O movimento chamado de Humanismo, e seus criadores e seguidores humanistas (do latim humanus, culto, educado, bondoso) eram os estudiosos dos textos antigos encontrados nas bibliotecas dos mosteiros ou posteriormente trazidos pelas imigrações de sábios. A diferença entre o humanista e o intelectual dos séculos passados não era tanto a qualidade e a natureza de seu conhecimento, mas sim o espírito com o qual se aproximava de suas fontes, e a preocupação de submeter à crítica as noções tradicionais. Desde o século XIV empregava-se na Itália o termo humanista, para os estudiosos das humanidades, isto e, história, poesia, retórica, filologia e moral.

Costuma-se dividir o humanismo em três períodos:

1 – De 1304 ate 1374, data da morte de Petrarca, também chamado de pré-humanismo, quando se inicia a composição da "Divina Comédia", por Dante.

2 – De 1374 a 1494, época assinalada pela morte de Pico della Mirandola e pela queda de Constantinopla (1453) e pela emigração de grande número de estudiosos de Bizâncio para a Itália.

3 – De 1494 a 1564, período áureo do humanismo. Marca seu término o Concílio de Trento, que dá início à Contra-reforma.

Do primeiro período destacamos a figura de Petrarca, cuja obra era um protesto contra as restrições do medievalismo. Suas obras podem ser consideradas como as primeiras, nos tempos modernos, revelando a alma humana em sua inteira escala de paixões, sofrimentos, emoções e aspirações.

Nelas se encontra pela primeira vez a atitude de introspecção e análise; características da literatura e do pensamento hodierno. Foi uma reação contra o conceito medieval de uma vida para o outro mundo; criando a idéia da imortalidade neste mundo.

O mais famoso de todos os líderes da nova cultura foi Desidério Erasmo (Gerardus Gerardi), ou Erasmo de Roterdã. Toda sua vida ele consagrou ao novo movimento, visando a reforma moral, religiosa, educativa e social. Em Elogio da Loucura ele traça uma espirituosa sátira ao monasticismo e à Igreja. Ansiava pela reforma pacífica e racional da Igreja, e malgrado ter simpatias, inicialmente, pelo trabalho de Lutero, repudiou a "Reforma Protestante". Em 1559, todas suas publicações foram incluídas no Índex da Inquisição papal de livros proibidos.

Entre as causas do renascimento temos: o Humanismo, como a principal, o desenvolvimento do comércio, das Universidades, do espírito de crítica e análise, das pesquisas científicas; a influência das culturas árabe e bizantina, do pensamento aristotélico; a rejeição ao ascetismo e misticismo do cristianismo; e a volta do naturalismo, na literatura e na arte.

Houve um renascimento na ciências, a começar pela astronomia, acabando com o céu dos santos, dos anjos e das estrelas fixas; na medicina descobriu-se ser o coração simples órgão propulsor sangüíneo, e não sede das emoções, dos sentimentos e da alma; na matemática as coordenadas cartesianas deram a cada ponto do espaço real uma definição precisa; descobriu-se a perspectiva; provou-se as leis dos fenômenos físicos e químicos; mas há, sobretudo, a invenção da imprensa de tipos móveis que facilitou a vulgarização e expansão do conhecimento.

De qualquer modo, o interesse pelas coisas da natureza ressuscita, e no século XIV volta a predominar o instinto de curiosidade que é a mola mestra da ciência. Surge um desejo de libertação da pessoa, anteriormente presa a um rígido sistema que ordenava todas as coisas em função de Deus (teísmo). Esse retorno ao homem (humanismo) é a principal característica da Renascença; que vemos aparecer em nossa primeira constituição de aspecto deísta, tornando o indivíduo responsável pelos seus atos.

Faremos um rápido bosquejo das ciências atuais, para mostrarmos sua evolução, enquanto o misticismo e fanatismo continuam aferrados às concepções medievais, e não podem continuar atrapalhando a Maçonaria moderna, como a princípio não pode embaraçar a Especulativa em sua projeção para os novos tempos.

2.2.3 – A Matemática

Depois da última glaciação, há mais de dez mil anos, os remanescentes humanos fixaram-se no vale do rio Nilo e dos rios Tibre e Eufrates, aonde saíram do nomadismo para o sedentarismo dos primeiros grupos de agricultores e pecuaristas.

Enquanto a atividade do homem restringiu-se a contar os animais de seu rebanho, ele, somente, precisou saber a equivalência entre o número de animais e o conjunto de pedras (calculus) que os representavam. Essas pedrinhas também eram usadas nas operações de adição e subtração, daí o nome de cálculo dado às operações aritméticas. Porém, ao modificar-se as condições sociais das populações, obrigando-as a desenvolver outras ciências, e entre essas a geometria, tão necessária para os lavradores que tinham seus terrenos determinados no Egito e na Mesopotâmia.

Poderíamos dizer que os pilares da nossa cultura foram inicialmente forjados na Mesopotâmia por um povo de origem discutida. Foram os primeiros agricultores, cuja produção superou o nível de mera subsistência, sendo as sobras negociadas com outros povos; tornando-os comerciantes. Isso juntamente com a construção de templos, para apaziguar seus deuses furibundos, obrigavam-nos a elaborar os principais instrumentos da civilização, posteriormente alterados em detalhes, mas não nos conceitos básicos. Além do sistema de comércio e de uma classe de negociantes, ele criaram um sistema prático de escrita, idearam o primeiro veículo com rodas, um código de leis escritas, um legislativo bicameral e um governo eleito pelos cidadãos.

Citando S. N. Kramer (Os Sumérios):

> *A arquitetura era desde tempos imemoriais a arte maior dos sumérios, particularmente no que se trata de construção de templos com as suas fundações e plataformas de pedra, celas com nichos, altares e paredes pintadas, colunas cobertas de mosaicos e fachadas impressionantes; é muito provável que algumas destas técnicas tenham sido difundidas pela antigüidade. Os arquitetos sumérios fizeram ainda uso da cúpula, da abóbada e do arco, e podemos supor que o primeiro a chegar à Grécia e a Roma tenha surgido no contato com a Babilônia, que o havia herdado da Suméria. Também a escultura do Próximo Oriente – especialmente a prática de esculpir deuses e homens – devem remontar às origens sumérias, uma vez que foram os teólogos sumérios, os primeiros a conceber a idéia de que a estátua representava o governante, ou qualquer outro alto funcionário, rezando*

incessantemente pela vida. O sinete cilíndrico sumério rolou por toda a antigüidade, desde a Índia até Chipre e Creta, e há muitas igrejas na Europa cujos capitéis estão ornamentados com motivos convencionais que derivam de cenas que foram em primeira mão imaginadas e gravadas pelos artistas e artífices sumérios.

Abrindo um parêntese em nossa narração. Os historiadores maçônicos apressados, e porque em 1909, quase nada se conhecia dos sumérios, acadianos e outros povos da Crescente fértil, não citaram em suas obras a origem mais provável da Maçonaria entre os artífices sumerianos, há mais de cinco mil anos, porquanto os mesmos já tinham suas associações.

Também Anderson na primeira parte de sua constituição referente à parte histórica traz: Desde o ano do mundo 1, 4600 antes de Cristo. (O Grande Arquiteto e Adão, o primeiro Maçom.)

Adão nosso primeiro pai, criado à imagem de Deus, o grande Arquiteto do Universo, tinha que conhecer as Ciências liberais, e especialmente a Geometria, escritas em seu coração; porque desde a mesma queda encontramos esses princípios no coração de seus descendentes, os quais princípios, no correr dos tempos, foram expostos e combinados num conjunto adequado de proposições, observando as leis das proporções tomadas do mecanismo. Ainda que as artes mecânicas deram oportunidade aos sábios para reduzir ao método os elementos da geometria, esta nobre ciência, assim enquadrada, é o fundamento de tais artes, especialmente a Maçonaria, a arquitetura e a regra pelas quais se desenvolvem e realizam.

Sem dúvida alguma, Adão ensinou aos seus filhos a geometria e o uso dela nas diversas artes e ofícios convenientes, ao menos, para aqueles tempos primordiais; porque Caim, como sabemos, construiu uma cidade, a qual chamou Consagrada ou dedicada segundo o nome de seu filho Enoc e converteu-se no príncipe da metade da humanidade; sua posteridade quis imitar seu exemplo régio ao melhorar a nobre ciência e a útil arte. Outras artes foram desenvolvidas por eles: o trabalho em metal por Tubal Caim, a música por Jubal, a criação de gado e a fabricação de lendas por Jabal, cultivador, pois de boa arquitetura.

Tampouco podemos supor que Seth foi menos instruído, o qual, ao converter-se em Príncipe da outra metade da humanidade, e também o primeiro conhecedor da Astronomia, tomou igual cuidado ao ensinar Geometria e Maçonaria aos seus descendentes, com a grande vantagem de contar com a presença viva de Adão entre eles.

Continua Anderson a sua história, aonde a lenda, a criatividade e as opiniões pessoais sectárias misturam conceitos incompatíveis entre si como o de Enoch ser transportado vivo para o céu após profetizar o juízo final com o seu dilúvio geral para castigar o mundo, por isso elevou dois grandes pilares: um de pedra e outro de ladrilho, sobre o qual estavam gravadas as ciências liberais...

É fácil notar não ter tido o copilador de nossa primeira constituição em sua história da Maçonaria, que precede o texto da constituição, um compromisso com a veracidade dos fatos, misturando suas convicções religiosas com a realidade histórica.

Dessa introdução histórica é que nasceu todo o imenso lendário maçônico, o qual, ainda hoje, confunde as cabeças dos estudiosos não cartesianos.

Também como vimos, o mosaico nada tem a ver com Moisés; pois já era conhecido no Oriente, o que é demonstrado pelas descobertas há mais de três mil anos, pelos arqueólogos, em Ur, um painel feito de lápis-lazúli e arenito róseo.

Pesquisando a Bíblia, a única referência parece ser no livro de Ester; que no pátio do Rei Ahasuerus tinha um piso decorado com desenhos de diversas cores, talvez, indicando um mosaico. Nos demais livros nada encontramos sobre o pavimento mosaico chamado por ter o legislador hebreu salpicado o solo do tabernáculo com pedrinhas coloridas. Salvo melhor juízo acredito ser mais uma invencionice sem qualquer suporte histórico ou arqueológico, e portanto pode ser pavimento mosaico, ou de mosaico, sendo esta última forma mais correto; pois implicaria pavimento feito de mosaico ou com mosaico.

Voltando à narrativa inicial os sumerianos, obrigados pelo comércio movimentado, descobriram os processos de multiplicação, divisão e extração da raiz quadrada e cúbica. Inventaram a clepsidra (relógio de água, elaboraram um mapa planetário e um calendário dividido em meses; dias, horas, minutos e segundos; a semana formada por sete dias em homenagem ao Sol, à Lua e aos cincos planetas conhecidos naquela época); o círculo de 360 graus (sistema sexagesimal).

Criaram um sistema fixo de padrões de comprimento, peso e capacidade, adotadas por todo o mundo antigo, tendo como unidade de comprimento o dedo (16mm); o cúbito eqüivalia a 30 dedos (48 cm); a corda do agrimensor: 120 cúbitos; a légua: 180 cordas. As unidades de peso eram: muvas, talentos, dracmas.

Esses conhecimentos foram desenvolvidos e divulgados pelos outros povos da Mesopotâmia, principalmente os Caldeus com a astrologia, mãe da astronomia moderna.

Passemos aos egípcios, cujo papiro de "Ah", conhecido como o de Rhind, por ter sido adquirido em 1858, pelo antiquário escocês Henry Rhind numa aldeia de Luxor do Nilo. Trata-se de um dos mais antigos documentos matemáticos existentes. É interessante por trazer a representação geral de um número qualquer, caracterizando as primitivas noções de álgebra. Esse papiro contém entre outros, o Livro de calcular de "Ahmes". E a cartilha de calcular mais antiga do mundo, tendo sido escrita lá pelo século XVII A.E.C. pelo escritor Ahmes, porém é cópia de outro, cuja origem remonta do período de 1849-1801 A.E.C.

Partindo de métodos rudimentares os egípcios fizeram progressos na astronomia, engenharia e outras matérias abstratas. Usavam somente a aritmética; a qual limitava-se a adição e subtração e com elas faziam divisões e multiplicações.

Somente usavam frações cujo numerador fosse a unidade dificultando seu uso.

Devido a necessidade de demarcar, depois das enchentes, as terras inundadas pelo Nilo, e também a construção de suas pirâmides, templos e túmulos gigantescos; eles desenvolveram os rudimentos de geometria. Tinham fórmulas aproximadas para calcular os volumes dos sólidos, como uma pilha de cereais e os cestos para carregá-los. Obtiveram um valor ¶ igual a 3,16; muito próximo do atual (3,1416) e muito mais preciso do que o mesopotâmio: 3.

Elaboraram um calendário solar de 365 dias, divididos em 12 meses de trinta dias, com mais cinco dias suplementares.

Esse calendário foi adotado pelos romanos no século I A.E.C. sob a inspiração de Júlio César com a colaboração técnica do egípcio Sosígenes, criando um anuário de 365 dias e um quarto, com um dia acrescentado a cada 4 anos; que foi usado por 16 séculos, até 1582, quando o Papa Gregório XIII modificou-o criando o atual: Gregoriano.

Todavia, nós, os Maçons, inventamos uma série de calendários, chamados da V∴ L∴, E∴ V∴, A∴ M∴, A∴ I∴ (Ano Inventions) e o complicado calendário israelita, ainda lunar, e portanto ultrapassado há alguns milhares de anos. Além desses mais usados, existem os particulares de alguns Ritos, hoje não praticados: ora juntando 530 ao tempo atual; ora juntando 1118 (Templário); ora 1314 (Estrita Observância) e outros; quando seria muito fácil: junho, 24 de 1717 como os anglo-saxões ou 7 de setembro de 1822.

É o momento de simplificar e não complicar!

Outro fato chamativo é que os egípcios em suas medidas de agrimensura usavam uma corda de 13 ou 12 nós, puxadas pelos "esticadores de corda" e não de 81 tão cantada e decantada pelos simbolistas inconseqüentes como os "laços de amor". Parece-nos ser a sua única utilidade o uso de rimas, cuja intenção é criar um certo constrangimento:

– Quanto é nove vezes nove?

– Oitenta e um.

– Nos tempos dos bobos, teu pai era um.

Essas duas civilizações deram início ao conhecimento matemático que na Grécia Clássica teve continuidade e foi sistematizado; destacando-se Euclides com os Elementos de 13 livros ou treze capítulos, aonde aparece o primeiro modelo axiomático para as demonstrações, assim discriminados:

1 – Axiomas:

1-1 – Coisas iguais a uma terceira são iguais entre si.

1-2 – Acrescentando-se quantidades iguais entre si obtém-se somas iguais.

1-3 – Subtraindo-se quantidades iguais de outras iguais entre si, os restos serão iguais.

1-4 – As coisas que coincidem uma com outra, são iguais entre si.

1-5 – O todo é maior do que a parte.

2 – Postulados:

2-1 – Uma linha reta pode ser traçada de qualquer ponto para qualquer outro ponto.

2-2 – Sobre uma linha reta pode-se traçar continuamente uma reta finita (segmento de reta).

2-3 – Um círculo pode ser traçado com qualquer ponto como centro, e com o raio igual a qualquer reta finita traçada a partir do centro.

2-4 – Todos os ângulos retos são iguais entre si.

2-5 – Dados uma linha reta e qualquer ponto fora dela, pode-se traçar por esse ponto uma paralela e somente uma a reta dada.

Como a evolução da matemática moderna a tradicional distinção entre axiomas e postulados tende a se desfazer. Entretanto, o termo axioma impôs-se: não mais significa uma verdade fundamental evidente, porém é comumente entendido como "toda a proposição que não se deduz, mas que é posta por um ato decisivo do espírito no início da dedução". Nesse sentido o 5' postulado de Euclides é um axioma.

Operou-se uma verdadeira revolução desde a época em que os filósofos, a maneira de Aristóteles ou Descartes, consideravam os axiomas como verdades evidentes, portanto o axiomas não são mais reputados com evidências, mas simples convenções operatórias contingentes, e as proposições deles deduzidas, por sua vez, perdem o caráter de verdades absolutas. E o declínio dos absolutos matemáticos.

Hilbert fixou regras muito estritas para uma axiomática; que é o conjunto de princípios estabelecidos no início de uma ciência dedutiva. Esses axiomas devem ser compatíveis (não contraditórios entre eles); independentes, nenhum deles deve ser deduzido do outro; e suficientes para todas as questões surgidas no sistema em estudo.

A axiomática introduz na matemática uma abstração que tende a reduzir as próprias proposições geométricas a puras relações lógicas, e de um modo geral obriga o conhecimento científico basear-se em proposições experimentais ou teóricas fundamentais criando sistemas ou modelos.

Diante disso, qual seria a axiomática para a Maçonaria Moderna?

Tivemos os modelos primitivos das confrarias, corporações, grêmios e guildas medievais com seus sistemas administrativos e objetivos educativos, profissionais e filantrópicos. Depois, na alta Idade Média as corporações de construtores denominada, impropriamente, de Maçonaria de Ofício ou Operativa; da qual surgiu com entrada dos Maçons aceitos a Maçonaria especulativa ou teórica, não caracterizada por um modelo, mas por um emaranhado de princípios, definições, leis, regras, landmarques, ortodoxia; que a estão desfigurando, inclusive tirando-Ihe o aspecto fundamental da fraternidade e do racionalismo inicial pelos enxertos herméticos, ocultistas, astrológicos, cabalistas... e algumas outras pretensas ou pseudociências.

Para o começo de um raciocínio partamos por uma definição e um conceito de Maçonaria: como um sistema de moral, velado por alegorias e explicado por símbolos; ou a Maçonaria é uma associação universal, filantrópica, e progressiva que procura inculcar em seus adeptos o amor à verdade, o estudo da moral universal, das ciências e das artes, desenvolver no coração humano os sentimentos de abnegação e caridade, a tolerância religiosa e os deveres familiares, e que tende a extinguir os ódios raciais, os antagonismos de nacionalidades, de opiniões, de crenças, de interesses, unindo a todos os homens pelos laços da solidariedade, infundindo-lhes um terno afeto de mútua correspondência. Procura, enfim, melhorar a condição social do homem por todos os meios lícitos e especialmente pela instrução, pelo trabalho e pela beneficência.

Mario M. Perez Ruiz diz: "Em minha opinião trata-se de uma escola de conhecimento, de oratória que exercita os ritos da antigüidade. mantidos ainda hoje nas sociedades tribais ou em algumas religiões".

É fácil notar que não temos realmente uma axiomática integradora das mais variadas opiniões, entretanto nenhuma delas diz a principal característica dela: uma sociedade iniciática com raízes nos antigos ritos de todos os povos; um sistema de aprendizado desenvolvido através de uma simbologia, cuja origem está nos antigos grafismos dos Hominidas desde sessenta a quarenta mil anos antes da era cristã; a crença num Princípio Criador; e a fraternidade universal. Nestas quatro ou cinco idéias, estão incluídos os sentidos educacionais progressistas, filosóficos, morais, sociais, e de um modo geral toda a cultura biopsicossocial da humanidade.

Voltemos à Grécia clássica.

Depois de Euclides tivemos dois outros grandes expoentes, no século seguinte, que iriam gerar novos conhecimentos matemáticos ultrapassando a todos os pré-euclidianos reunidos. Um deles foi Apolônio, cujas descobertas sobre as chamadas seções cônicas contribuíram para a Astronomia, para a ciência militar da Balística e, finalmente, para o moderno estudo de trajetórias de foguetes. Outro é o nosso conhecido e quase místico Arquimedes, a cujo brilhantismo na Matemática se aliou extraordinário gênio mecânico, que o tornaram o pai da Engenharia prática. Talvez não evoluíssem mais porque mantiveram suas investigações dentro da rigorosa disciplina imposta à Geometria pelo filósofo Platão, o qual exigia que todas as demonstrações geométricas fossem feitas com o auxílio de uma régua e um compasso, por isso nos tempos antigos da Maçonaria os dois principais instrumentos eram a Régua e o Compasso, e posteriormente o Esquadro.

Não se poderia deixar de citar uma das mais célebres figuras da Grécia Antiga, que deu seu nome ao Teorema de Pitágoras, porém conhecido pelos babilônios há mil anos.

Segundo consta foi discípulo de Tales e depois viajou por todo o mundo conhecido na época onde conheceu a doutrina de Zoroastro; foi iniciado nos templos egípcios e terminou por criar uma escola em Crotona na Itália, que na realidade era uma comunidade religiosa, política e filosófica.

Para ele e seus discípulos o universo é uma obra matemática. Os números, diziam eles, "governam o mundo". Descobriram as relações numéricas nos acordes musicais (as cordas emitem sons cuja altura depende do comprimento da corda a vibrar).

Entretanto os pitagóricos ficaram limitados por uma concepção mística do número. Para eles as próprias quantidades ainda são qualidades. Os números são entes dotados de virtudes mágicas. As coisas são números e, os números, coisas. O número 5 significa casamento (porque é formado pela união do primeiro número masculino, 3, com o primeiro feminino, 2). O 8 é o número do amor (3, a potência mais o cinco, casamento). O juramento dos pitagóricos repousava na fórmula: 1+2+3+4=10, em que 1 significa Zeus; dois o Sol e a Lua; os dois "luminares"; 3 os três elementos (terra, água e fogo); 4 os pontos cardeais. A genial intuição deles degenerou assim, como se pode notar, em superstições mágicas, que perduram até hoje, e vamos encontrá-las em algumas instruções nos três graus simbólicos, misturadas com as cabalísticas. Até hoje a condição nefasta do número 13 continua trazendo medo, sendo exorcizado com três pancadas ou com estalos dos dedos.

Tudo indica que o fanatismo dos cristãos foi a causa do obscurantismo da chamada idade das trevas, que durou mil anos, tendo como marco o linchamento, por um grupo de cristãos fanatizados, da bela e sábia matemática Hipácia, assim descrita por Giblon (A Decadência e Queda do Império Romano): "Foi arrancada de seu carro, despida, arrastada para a Igreja, onde teve a carne esfolada dos ossos com ostras afiadas, sendo seus membros ainda palpitantes atirados às chamas".

Hipácia lecionou na Universidade de Alexandria, e foi a última dos intelectuais pagãos gregos. Isso ocorreu aproximadamente nos anos 400, e na mesma ocasião foram queimados pela turba enfurecida e ignorante muitos dos milhares de manuscritos pertencentes à mais famosa biblioteca da Idade Antiga.

Em 711 os árabes atravessaram o estreito de Gibraltar, e com eles trouxeram o conhecimento do mundo oriental, dos bizantinos e dos helenos. Da China transmitiram três elementos fundamentais de nossa cultura: a bússola, o papel e a pólvora. Dos hindus difundiram dois geniais inventos: os numerais arábicos (chamados algarismos) e o zero, e ainda os conhecimentos de álgebra, algarismos e métodos de cálculo hindus, feitos por Al-Khwarizmi e propagadas pelo mundo árabe após o século IX. Um importante tratado de álgebra foi publicado no século XII, pelo poeta Omar Khayyam. Nessa época (séculos XI e XII) o eixo cultural do mundo havia passado para Toledo, aonde conviviam as três grandes culturas: árabe, cristã e hebraica.

Os Elementos de Euclides foram traduzidos e divulgados por eles. Também os astrônomos muçulmanos, partindo dos textos gregos, aprenderam a construir instrumentos matemáticos e, perscrutavam o céu, organizando mapas dos movimentos estelares, enquanto os europeus nada conheciam da ciência antiga, sufocados pela fumaça das fogueiras e pelos dogmas cristãos.

Mesmo na Renascença, quando o conhecimento matemático tomou conta da Europa, porém ainda bastante asfixiada pela superstição, começou a estabelecer-se uma divisão nítida entre a verdadeira ciência da Astronomia e a pseudociência da Astrologia, o que levou Paracelso a dizer: "Deus não criou os planetas e estrelas para que dominassem o homem, mas para obedecê-lo e servi-lo como todas as outras criaturas".

Infelizmente, em má hora, introduziram a crendice astrológica na Maçonaria, e hoje vemos os símbolos zodiacais afixados ridiculamente às nossas colunas de arquitetura.

Passando da órbita mais interna do átomo do tempo, para a mais externa dos séculos XVIII e XIX, vamos encontrar as bases dos cálculos das tecnologias avançadas na camada atual do século XX.

O quinto postulado de Euclides da Geometria plana: por um ponto dado fora de uma reta dada, só se pode traçar uma paralela a essa reta, e uma só foi generalizada por Lobatchesky e Riemam.

Ambos construíram duas geometrias não planas, com axiomáticas próprias. O primeiro dizia que pelo ponto citado por Euclides, podemos passar várias paralelas, uma infinidade de não secantes. Em sua Geometria, o espaço apresenta uma curvatura negativa. Enquanto isso Riemam afirmava não se poder traçar nenhuma paralela a um ponto externo a uma reta; criando um espaço de curvatura positiva.

Aplicando as idéias de Gauss e Riemam Einstein também sugeriu um conceito de universo curvo de quatro dimensões: comprimento, largura, altura e o tempo, e no qual a presença da matéria era responsável pela curvatura. A abstração matemática antecedendo as conquistas tecnológicas e científicas.

Nada mostrou mais eficazmente o poder da matemática do que a Relatividade, contrariando tanto a experiência cotidiana como os padrões aceitos da Física. Todavia unificava tão bem os fatos observados, intrigando aos cientistas. Então à medida que surgiam mais e mais provas, passavam os cientistas a convicção do acerto da Relatividade.

A Relatividade forneceu uma nova imagem a todo o universo e para o leigo a equivalência entre a matéria e energia nas suas transformações, foi confirmada pela explosão da primeira Bomba Atômica, pondo nas mãos humanas o fogo de Prometeu.

Em conseqüência das experiências com a fusão ou ficção nucleares sabe-se que a matéria pode ser considerada energia condensada, e quando se unem moléculas de hidrogênio há liberação de grande quantidade de energia, demonstrando a unidade de matéria e energia, e não uma dualidade característica de nossas elucubrações filosóficas. Somos junto com toda a Natureza um universo holístico sem dicotomias de trevas e luz, bem e mal, amor e ódio, regulares e irregulares... Somos todos irmãos.

Porém os séculos XVIII e XIX, após se libertarem das fogueiras inquisitórias, cortando os liames asfixiantes da Igreja e da ignorância reinante, foi pródigo em novas idéias e conceitos matemáticos, os quais proporcionaram à nossa época um salto para o infinito sideral.

Citemos Charles Babbage com o seu primeiro e malogrado computador, por faltar as peças com precisão suficiente; o cálculo do acaso, teoria da probabilidade, criada por Blaise Pascal e Pierre Fermat, por causa do pedido de um jogador; Riemam morto aos 39 anos de tuberculose, além de sua geometria de um espaço de curvatura positiva, apresentou contribuições em diversos campos, incluindo a teoria das funções, Topologia e a Física Matemática; Georg Cantor desenvolveu a teoria dos conjuntos como técnica de fazer a "anatomia do infinito", e concluir que dois conjuntos numéricos (naturais e inteiros, por exemplo) no infinito são iguais; cuja conclusão de ser o todo igual às partes nos processos infinitesimais; a teoria dos grupos de largo emprego matemático, desenvolvida em 31 páginas, por Evariste Galois, aos 20 anos, na noite que antecedeu a sua morte em um duelo estúpido por causa de política e de certa moça que mal conhecia (a irracionalidade humana ceifando a vida de um gênio); David Hilbert influenciou todo o mundo matemático atual: desde a Álgebra do século XIX à moderna Lógica e Matemática Física; e, para não nos alongarmos em demasia, citemos George Boole que desenvolveu a Lógica Simbólica, para clarear a difícil Lógica aristotélica. Hoje em dia, a abstrata Álgebra de Boole tem aplicações práticas em projetos de circuitos telefônicos e de computadores eletrônicos e até mesmo na discussão de casos jurídicos. Através da evolução da Matemática três homens mudaram o conceito humano sobre o universo: Gauss impugnou depois de 2000 anos a Geometria euclidiana, aceita pacificamente por matemáticos, mostrando que não se aplicam às superfícies curvas. Seu discípulo Reimam subverteu totalmente as fronteiras da Geometria tradicional, postulando os espaços curvos de três dimensões e finalmente os espaços fantásticos de quatro ou mais dimensões. Meio século depois, o físico Eisntein conduziu a revolução a um clímax, aceitando tais abstrações e usando-a em sua teoria da Relatividade para descrever o universo real.

Infelizmente os desavisados ou reacionários ignorantes, talvez por não entenderem a afirmativa de Gauss: "A Matemática é a rainha das ciências, e a Teoria dos Números é a rainha da Matemática", ficaram estáticos no século quinto ou sexto antes da era cristã e mantêm-se firmes no estudo de uma pseudociência: a numerologia.

2.2.4 – Numerologia

Cada ciência tem em contrapartida outra pseudociência. No caso da Matemática (Aritmética) ela tem a Numerologia, cuja origem é difícil de estabelecer; entretanto, o papiro de Rhind traz um sistema numérico ideográfico e um hierático, onde aparece de 1 a 9 e depois as dezenas de 10 a 90. Há, também, na Babilônia, um conjunto mais primitivo e outro cuneiforme, onde 1 é uma cunha, 2 duas cunhas e assim por diante até o nove.

Possivelmente, a primitiva escrita pictográfica deu origem a interpretações mágicas dos números; porque na epopéia de Guilgamech há os lamentos do herói por seis dias e seis noites e o enterro no sétimo. Ao narrar o dilúvio Sizudra fala em ter ficado seis dias encalhado sobre o monte Nissis e no sétimo ele tomou uma pomba e deixou-a partir.

Está caracterizada a adoração do número sete; que se repete na Bíblia.

Depois vamos encontrar as relações entre os números e as letras do alfabeto, tanto entre os hebreus como entre os gregos. No alfabeto judeu de 22 letras, toma-se de um ao nove; depois de 10 a 90 e, finalmente, de 100 a 400. Como o alfabeto grego tem mais letras vai-se de 1 a 9; de 10 a 90; e de 100 a 800. Por uso temos as fontes principais da numerologia; a hebraica e a Grega.

Referente à cultura hebraica parece ter toda essa parafernália iniciada com o livro – Sefer letzira ou livro da Criação – que faz uma abordagem teorética dos problemas cosmológicos e cosmogônicos. Tudo indica ele ter sido escrito provavelmente entre os séculos III e o Vl. Parece ser o mais antigo texto especulativo escrito em hebraico que chegou até nós. Há outras referências ao Bahir escrito no século I, porém outros julgam-no mais recente século, XIII ou XIV, quando a união das letras e números cria a Cabala.

O capítulo I, versículo I e II, do Livro da Criação diz: "Por meio de trinta e duas vias ocultas da Sabedoria, Yah, Yehovah dos Exércitos – Deus de Israel, Deus Vivo e Deus Todo-Poderoso, Misericordioso e Clemente, Alto e Enaltecido, Morador das Alturas, denominado Santo – esculpiu e criou o seu mundo em três estágios (Serafim): mental (Sefar), falado (Sipur) e escrito (Séfer).

Versículo II. Dez emanações (Sefiroth) do Nada, e vinte e duas letras primordiais, estas divididas: três matrizes, sete duplas e doze simples formam as ditas trinta e duas vias".

De livros escritos há tanto tempo muitos tiram princípios para suas vidas atuais, num mágico-misticismo incoerente a si mesmo.

Da vertente grega, criado não se sabe quando e nem como, foi continuada pelos pitagóricos, e, até hoje, pelos neopitagóricos.

Francis Barret em 1801 dá continuidade às doutrinas numerológicas, em sua obra "Magus", da unidade ao número doze, fazendo relações com potestades, arcanjos, anjos, meses, signos zodiacais, partes do organismo e no mundo: intelectual, celeste elementar, inferior e infernal. Constrói uma bela salada com pretensão racional de explicar o destino dos universos de todos os tipos (sideral, social, humano...).

Colin Wilson, em "O Oculto", relata ter o célebre charlatão Cagliosto baseado seu sistema em Cornélio Agripa, que por sua vez se fundamenta no alfabeto hebreu. Nesse processo os números de um a oito são associados às seguintes letras:

1: A, I, Q, Y.
2: B, K, R.
3: C, G, L, S.
4: D, M, T.
5: E, H, N.
6: U, V, W, X.
7: O, Z.
8: F, P.

Um sistema mais moderno de Numerologia apresenta os números de 1 a 9 como alfabeto disposto da seguinte maneira:

1: A, I, S.
2: B, K, T.
3: C, L, U.
4: D, M, V.
5: E, N, W.
6: F, O, X.
7: G, P, Y.
8: H, R, Z.
9: I, R.

Como é fácil notar temos quatro sistemas distintos, e qual deles é verdadeiro?

O usado por Cagliosto fala no alfabeto hebraico que tem 22 letras, e usa 25.

Não há consistência entre as proposições emitidas. Exemplificando.

O numeral três para um autor é o da versatilidade, da abundância; tradicionalmente é um número de sorte (bater 3 vezes na madeira para trazer a sorte, e isolar o azar). As pessoas deste número são alegres, têm muita sorte, adaptam-se com facilidade e são encantadoras, porém tendem a se deixar levar pelos outros, preocupando-se demais com a aprovação e simpatia de outros indivíduos.

Para outro três é a luz – o número sagrado, no terceiro versículo do primeiro capítulo do Deus disse: "Faça-se a luz"; fluíram então feixes de luz impregnando a intensa escuridão, como o espírito entrando na matéria.

Três é portanto o número do resultado, da moldagem das substâncias – o produto da união e o número da perfeição.

O três na Maçonaria.

Dario Veloso em seu "Templo Maçônico" põe em relevo a importância do número três:

> *O número três é o símbolo da Idéia, dos estados patéticos e ponderáveis da matéria.*
>
> *O Ternário é o número da criação: aproxima os pólos extremos da vida e da morte.*
>
> *O Mestr∴ procura instruir os povos, fortalecendo-os na solidariedade.*
>
> *A missão do 3º gr∴ consiste em substituir a ignorância pelo saber, elevando o nível moral dos homens, vitalizando as consciências, para que saibam discernir com critério, a luz da Razão, do direito e da justiça.*
>
> *Sob a razão, fortalecida e esclarecida; é reta e sábia; pretender educar sectariamente, é crime.*
>
> *Individualmente o Mestr∴ pratica os ensinamentos do 1º gr∴, do 2º gr∴ e do 3º. Alcandora a caridade como dever cotidiano; é bondoso e sereno; pensa antes de agir; julga com calma e procede com firmeza. Sabe equilibrar os ímpetos do coração pelo severo juízo da inteligência esclarecida. Conhecedor das paixões e os seus tresvários, perdoa a injúria, que é o reflexo da covardia das almas, e deixa ao Tempo a morte moral dos detratores. O Mestr∴ é amigo consolador de todos os infelizes que dele se aproximam, supliciados pelo infortúnios; levanta ânimos debatidos pelos desalentos, conforta corações e reconforta caracteres. Leva às mãos luvas de imaculada alvura e evocativo ramo de Acácia: A Paz e Renascença: a felicidade e a vida.*

Em "Preliminares Maçônicos" (Alba 1938, pág. 119), de Olímpio Pinto podemos destacar os pseudo-ensinamentos:

> *E ao falarmos em 3, evocamos a importância dos números, que foi sempre objeto de meditação cuidadosa dos homens de estudos, e os magos culminaram pelos algarismos mudos. Do quanto podiam estes em sua Ciência, procuraram demonstrá-la por meio de algarismos, concretizando o seu pensamento, como que aprofundar provas para atestarem o caráter da realidade objetivada, privando o conhecimento para seus pares e discípulos.*

Como complemento da importância do ternário, deduzamos com atenção a inteligência e definição sobre "Mestres" feita por J. M. Ragon na "Ortodoxia Maçônica", obra privativa: "Eles sabem que o tempo por medida o passado, o presente e o futuro, com os quais se preocupam; que todas as coisas têm um princípio (o nascimento), um meio (a existência), e um fim (a morte).... O homem tem três potências intelectuais: a memória, o entendimento e a vontade. Todos estes "materiais" ternários ..., contam tantas divisões como ramos de instrução existem. A Física distingue os corpos pela forma, intensidade e calor, com o prisma, decompõe ele a luz e encontra as três cores primitivas: o amarelo, o roxo e o azul; admite três elementos: a terra, o fogo e o ar, considerando a água como ar condensado. A Química analisa os corpos dividindo-os em três palpáveis: terra, água e sal. A Alquimia crê o universo animado por três princípios: sal, enxofre e mercúrio..."

Tais repositórios de inverdades ou pseudo-saber não merece nem comentários; porém há a confusão entre psiquismo e intelecto; pois a função intelectual, memória, volição, raciocínio e juízo fazem parte da mente humana.

Quanto aos elementos foram descobertos 94 e mais alguns criados em laboratório e instáveis: berquélio, einistênio e férmio.

Os três pontos, usados a partir de 1774, pelo G.∴ O.∴ da França, para simplificar e também dificultar o entendimento dos Maçons, são interpretados por Dario Veloso: "Os três pontos dispostos em triângulo, assinalando os vértices, a obra coesiva dos 3 Graus, são como germens à luz, relembrando ao MM.∴ que a inteligência e a razão, fulcros da justiça, devem presidir seus atos e julgamentos."

O Sr. Pereira de Assunção, em seu livro "Ramo de Acácias", 1952, dá para os três pontinhos um simbolismo interessante e em versos:

Um ponto é a Sabedoria
de discernir o que é bom.
O segundo é a inteligência
Que deve ter o Maçom.
E, finalmente, o terceiro
É a vontade que domina
Quem tem vontade, por certo
Jamais duvida da sina...

Em "A Simbólica Maçônica" (Jules Boucher) há uma série de considerações quanto a data, a origem, os usos e os significados; que nada trazem de útil, a não ser o seu uso, simplesmente, nas abreviações maçônicas.

Concluímos que todas essas invencionices, são proposições jogadas aos ventos para tumultuar a cabeça dos pobres mortais, sem qualquer embasamento no campo do conhecimento racional, ou empírico, ou intuitivo. Devem ser resultantes de um conhecimento apriorístico e paranormal; pois a sua origem estaria no protótipo indo-europeu treyeis, dando no sâncristo, tri; no Prussiano antigo, tritz (ord.); no Gaulês, tritos; no Gótico, threis; no Greco, treis; no latim, três; e em português, três; e seu significado é um número situado para além do dois. É do professor e matemático português Aniceto Monteiro a seguinte e erudita observação: "Na língua francesa existem duas palavras trois (três) e très (muito) próximas e parentes, talvez vestígios da época em que o homem não contava além de dois; mais notável é o caso da palavra inglesa thrire que tem duas significações – três vezes e extremamente. De certo ainda existem sociedades em que só há nomes para os números um e dois".

Todavia em nosso Rituais, na parte instruções, está lá o ternário, com toda a sua suposta importância, com seu esoterismo fajuto em lugar de conhecimentos mais úteis; porque o três no verso "Vinte e Cinco da Sorte", de Antonio Montes Batista, tem como principal utilidade ganhar alguns trocados no jogo mais popular do Brasil, o de bicho, e traz:

O número 2 é a águia
Que tem o bico rombão.
Número 3 é o burro
Quando não é macho é trotão.

2.2.5 – A Lógica

Lógica é a ciência do raciocínio e da demonstração. Esta é uma conceituação simples para mostrar a validade dela no mundo atual. Se usássemos adequadamente o raciocínio seríamos racionais e razoáveis. Não estaríamos consumindo o nosso planeta, levando-o à morte lenta e inexorável.

Quanto a origem do termo há uma certa divergência. Alguns a consideram derivada do grego lógos – razão, estudo, tratado, porém a sua origem real seria o nome dado pelos estóicos: logiké (téchne) – a arte de raciocinar; que pela sua evolução natural passou a ser: a ciência que ensina a raciocinar com justeza para se alcançar a verdade.

Ela foi sistematizada por Aristóteles e justamente com a dialética platônica e maiêutica socrática foram usadas para combater os sofistas; pensadores pragmáticos e utilitaristas em suas doutrinas e vidas. Ensinavam (os sofistas), principalmente, a arte de argumentar contra ou a favor de qualquer opinião que lhes fosse vantajosa. Usavam argumentos sutis, os quais muitas vezes envolviam falácias e sofismas.

Infelizmente, eles continuam, ainda hoje na Maçonaria, criando rituais, simbolismo, tradições, usos e costumes.

Sem maiores considerações a Lógica Clássica tinha por principal instrumento o silogismo e mais raramente o sorites.

Silogismo é o argumento dedutivo que contém duas premissas e uma conclusão derivadas delas.

Tradicionalmente, as premissas são:

1 – universais afirmativas (todo a é c);
2 – universais negativas (nenhum a é c);
3 – particulares afirmativas (algum a é c); e
4 – particulares negativas (algum a não é c).

De um modo geral poderíamos agrupá-las em vários esquemas ou modos

tais como:

1 – Todo b é c
Todo a é b
Todo a é c.

2 – Nenhum b é c
Todo a é b
Nenhum a é c.

3 – Todo b é c
Algum a é b
Algum a é c.

4 – Nenhum b é c

Algum a é b
Algum a não é c.

De um modo geral o número total de arranjos dos quatro tipos de proposições seria de 64. Destes 64 modos, nem todos são concludentes. São excluídos por não estarem de acordo com as oito regras do silogismo estudadas nas primeiras analíticas de Aristóteles e resumidas pelos lógicos escolásticos assim discriminadas:

1 – Regras referentes aos termos:

a) Necessariamente, um silogismo terá no máximo três termos distintos.
b) a extensão dos termos, na conclusão, não poderá ser maior do que sua extensão nas premissas.
c) O termo médio não poderá entrar na conclusão.
d) O termo médio deve ser geral, pelo menos em uma das premissas.

2 – Regras sobre as proposições:

a) De duas premissas negativas nada se pode concluir.
b) Duas premissas afirmativas não podem ter uma conclusão negativa.
c) A conclusão segue sempre a premissa mais fraca, isto é, será particular se uma das premissas o for; negativa, se uma delas for negativa.
d) De duas premissas particulares nada se pode concluir.

Ainda, faríamos referência ao sorites: raciocínio ou argumento, composto por uma série de proposições, ligadas entre si, de modo que o atributo de cada uma venha ser o sujeito da seguinte, e assim por diante até a conclusão, que tem por sujeito o sujeito da primeira e por atributo da penúltima.

Torna-se evidente que nem todo raciocínio se reduz à forma silogística, que se apresenta, em suma, pobre de resultados e de alcance. Há a demonstração dedutiva mais empregada na matemática. E temos a corrente intuicionista cuja intuição: percepção, conhecimento claro, direto, imediato da verdade, sem auxílio do raciocínio. Ela é um conhecimento imediato, um visão (treri, em latim, significa primitivamente ver). A intuição sensível é a percepção dada pelos órgãos dos sentidos: sinto que vai chover, a folha do papel é branca. Fala-se de intuição mística a propósito dos Eleitos que, no Paraíso, vêem Deus diretamente (alucinação?) e da intuição adivinhadora, ou pressentimentos.

Em síntese todo conhecimento intuitivo é uma visão direta, sem rodeios e sem intermediários.

O juízo de verdade ou falsidade do conhecimento obtido pela intuição é subjetivo e nem sempre corresponde a realidade, e é particular do indivíduo.

O raciocínio, diferentemente da intuição, chega a concluir depois de ter elaborado toda uma cadeia de razões.

Enquanto a intuição nos revela realidades singulares, seres reais ou virtuais, o raciocínio progride através dos conceitos e das idéias gerais e abstratas.

Na medida em que se apóia em conceitos, o raciocínio exige a precisão de linguagem. Ele é chamado de conhecimento discursivo. Pelo fato de se fundamentar na linguagem, o raciocínio é comunicável, ao passo que a intuição, apoiando-se numa realidade individual, é inexprimível. Nossas intuições permanecem rigorosamente solitárias, mas nós podemos nos entender através de palavras, por meio de símbolos, e raciocinamos partindo deles.

Daí a importância do simbolismo maçônico, cujo significado é estabelecido por meio de uma convenção, e não pela intuição particular de cada um. O símbolo não tem uma interpretação livre, e a convenção tem origens com os mais primitivos usos da humanidade, iniciado há 40.000 ou 60.000 anos com o grafismo nas cavernas habitadas pelos nossos ancestrais humanóides.

O raciocínio é formal, enquanto a intuição baseia-se num conteúdo. Tomemos um exemplo:

Todos os homens são magros.
Ora eu sou homem.
Logo, eu sou magro.

É fácil observar que este silogismo, malgrado ser formalmente correto, ele é falso. A intuição imediatamente me revela ser a premissa maior: falsa. A premissa maior é materialmente falsa, por não estar de acordo com a realidade. A lógica formal só se preocupa com o rigor do raciocínio, com sua forma correta.

Tanto a intuição quanto o raciocínio têm o seu lugar no conhecimento.

Na vida corrente, como no estudo das ciências da natureza, a intuição fornece a matéria do conhecimento e o raciocínio se efetua a partir dos dados por ela fornecidos, desde que eles sejam válidos. E até no domínio do pensamento puramente abstrato (Matemática) a intuição tem um papel a desempenhar. Aparentemente ela me revela o ser profundo das coisas, ao passo que a ciência discursiva substitui a realidade sensível conhecida intuitivamente, por equações abstratas, por sistemas de relações entre símbolos de caráter puramente artificial.

A dedução é o único raciocínio que realmente demonstra suas conclusões. Se a lógica é a ciência da prova, podemos dizer que a dedução é o único raciocínio lógico. Os processos de pensamento, conhecidos como raciocínio por analogia e indução, não são raciocínios lógicos.

O raciocínio por analogia é a investigação filosófica das semelhanças entre as coisas, para se concluir sobre elas, ou sobre fatos. Exemplificando: os laços de amor da corda de 81 nós é porque 81 é igual a 9^2 ou 3^4, sendo 3^4 um suposto número maçônico (poderá ser o cinco ou o sete).

Outro exemplo. Ao explicar, no seu Dicionário Etimológico Maçônico (A. B. C.), o escritor José Castellani diz: "Balaústre: Substantivo Masculino (do italiano, balaustro), designa o pequeno pilar, ou coluna que, com outros, sustenta uma travessa, faixa ou corrimão; é, também, a coluna delgada de madeira, ou metal, que serve para ajudar alguém a subir a um veículo, ou a dele descer; em arquitetura, é a parte lateral da voluta de um capitel Jônico. Em Maçonaria, balaústre é como é, chamada a ata redigida pelo secretário, em qualquer Sessão Maçônica; como os pilares que sustentam uma travessa, faixa, ou corrimão, **o balaústre maçônico, junto com outros, sustenta a história da Oficina, ou da Obediência**, pois cada ata é uma verdadeira reportagem dos acontecimentos, o que constitui um registro histórico importantíssimo. O balaústre ajuda, também, a entender (subir), seguramente, os lances mais importantes da existência da Loja, ou da Obediência. Uma expressão maçônica, hoje é pouco utilizada "levantar o balaústre", como sinônimo de redigir a ata, que significa, realmente, levantar o balaústre (o pilar, a coluna) de sustentação".

Neste caso particular há certa analogia entre o verbo subir ou levantar com a forma verbal descrever; pois a ata é uma descrição dos fatos ocorridos na reunião. E o termo balaústre é mais, indevidamente, usado nos registros das Sessões e nos documentos dos altos corpos do filosofismo maçônico.

São muitos exemplos encontrados em nossa literatura ou profana do uso abusivo das analogias.

A indução leva ao estabelecimento de uma lei geral, partindo da observação de grandes números de fatos.

Hume mostrou bem que a indução tinha muito mais de ilusão psicológica do que de raciocínio lógico.

Exemplificando:

Se observarmos a água aquecida a 10ºC, 20ºC e 30ºC, notamos que ela sofre uma dilatação, e daí podemos inferir numa lei geral: o aumento da dilatação da água é relacionado ao aumento da temperatura. Entretanto entre 0ºC e 4ºC a água se contrai.

O mesmo está acontecendo, no momento, na Maçonaria. Senão vejamos como explicar a abertura e leitura de um suposto livro sagrado nas Sessões; os signos zodiacais nas paredes; a abóbada estrelada; a terminologia aparentemente particular, mas sobretudo pernóstica (coluna gravada, peça de arquitetura, moeda cunhada); o anacrônico uso de espadas, hoje, deveria ser metralhadora portáteis, fuzis AR15 e pistolas automáticas calibre 45; os aventais vistosos enfeitados de porta-estandarte de escola de samba; e...

Estes hábitos dos séculos passados somente poderão ser explicados por raciocínio indutivo.

A indução assemelha-se ao raciocínio analógico, porém do ponto de vista lógico, a indução não passa de um falso raciocínio. Passar da observação de alguns fatos à afirmação de uma lei geral é concluir "todos de alguns", é cometer um erro lógico.

A lógica clássica evoluiu para a simbólica ou matemática com o cálculo das sentenças na qual o juízo é um ato mental que deve ser exteriorizado através de um sistema de sinais. A expressão exterior desse ato mental é a proposição, que consta e um enunciado verbal; um fato, ocorrência ou coisa.

Vejamos a sentença p: Hoje faz Sol e np (não pe) não faz Sol hoje, então teríamos a mais simples tabela lógica

p	np
V	F
F	V

Se faz Sol hoje é verdade (pela observação do tempo) logo não faz sol é falsa, e vice-versa.

Façamos outra tabela com a sentença resultante composta: chove e faz frio. A primeira sentença chamamo-la de p e a segunda (q) unidas por um ponto representando a conjunção e

p	q	p.q
V	V	V
F	V	F
V	F	F
F	F	F

Nesta operação preposicional, vê-se que o resultado é verdadeiro quando as duas sentenças que a compõem são verdadeiras.

Examinando os dicionários ou enciclopédias maçônicas encontramos em Mackey, citado também por Nicola Aslan:

> *A Lógica é a arte de raciocinar ou argumentar, é uma das sete artes liberais e ciências, cujos usos são cultivados no segundo grau: O poder do raciocínio correto e justo, que distingue o homem de mentalidade sã do alienado e do oligofrênico, considera-se essencial para o Maçom para compreender tanto seus direitos como seus deveres. Isto é porque o seres desgraçados mencionados, cuja qualidade mental não é considerada normal é-lhes negada a admissão na Ordem. As Constituições Antigas definem a Lógica como arte de ensinar a discernir a verdade da falsidade.*

Depois Aslan tece outros comentários que deixamos de repetir, porque já foram suficientemente abordados.

Numa síntese conclusiva final: No século XIX crescia o descrédito no estudo da matemática fundamentado na experimentação, o que determinou grande credito à lógica formal matemática, a qual parte do princípio do estabelecimento e aceitação de axiomas, ou proposições lógicas, fornecendo regras para determinação de argumentos e conclusões verdadeiras. Desenvolveu-se, no século acima citado, um novo ramo da lógica matemática que foi fomentado, principalmente, por George Boole; a álgebra booleana usa símbolos e operações algébricas para representar proposições e suas inter-relações. Suas idéias tornaram-se a base da lógica simbólica, cuja aplicação estende-se por alguns ramos da computação e da eletrônica.

Neste momento, para não nos perdermos de nossas proposições iniciais relativas ao quadrívio (aritmética, geometria, astronomia e música) e ao trívio (gramática, dialética e retórica) aos quais os escolásticos acrescentaram as ciências da natureza, a filosofia, a teologia e mesmo a medicina; fizemos a evolução da aritmética e geometria, hoje, partes da matemática; e do trívio em vez da Dialética incluímos a Lógica pela sua evolução e importância moderna, porquanto a dialética não deixa de ser uma forma de raciocínio ou argumentação.

A palavra dialética deriva de grego, "dia", significando separação (dualidade) e "lestikos", apto à palavra, capaz de falar, conveniente ao diálogo. Em síntese quer dizer, dualidade de razões, posições ou teses. Em seu sentido mais informal, ela é simplesmente uma discussão ou diálogo, cujo progresso em direção à verdade é feito pelo exame crítico daquilo que é dito.

Esse método tem um de seus elaborados exemplos nos diálogos de Platão. Existem também, no entanto, muitos outros sentidos mais técnicos de dialética. Num deles está em Kant, para quem ela é o método pelo qual se mostra que toda tentativa de se especular além dos limites da experiência possível leva necessariamente à contradição. Para Hegel a dialética é a forma de interação de conceitos, na qual um idéia (tese) entra em contradição com outra (antítese), daí resultando uma terceira (síntese), que supera a contradição original e é mais completa e mais próxima da verdade do que suas antecessoras.

Completando o trívio teríamos a gramática e a retórica.

2.2.6 – A Gramática

A Origem do vocábulo é do grego, Grammmatike: a arte de escrever ou ler; passando pelo latim Grammatica.

Ela é o modo como numa língua particular estão organizados os princípios gerais da linguagem humana; estudo ou tratado que explicita a estrutura de uma língua; estudo ou tratados de caráter normativo sobre os usos de uma língua; estudo dos fatos da linguagem falada ou escrita e das leis que a regulam; ciência da linguagem; e a arte de exprimir corretamente, quer falando quer escrevendo.

Malgrado alguns autores darem à Índia a primazia dos conhecimentos gramaticais referentes ao sânscrito; ela surgiu das especulações lógicas sobre a língua grega, pelo próprio Aristóteles, criador da Lógica, e por sua escola.

Em Maçonaria encontramos em Abrines: "Gramática, uma das artes liberais que se recomenda aos Irmãos como de grande importância no simbolismo de muitos Graus".

Mackey traz:

> *A Gramática é uma das sete ciências e artes liberais que forma, com a Lógica e a Retórica, uma tríada dedicada ao cultivo da linguagem. Deus, disse Sanctius, criou o homem para que participe da razão; e como desejava ele se transformasse num ser social, conferiu-lhe o dom da linguagem, para cuja perfeição existem três elementos. O primeiro é a Gramática que purifica a linguagem de todos os solecismos e expressões bárbaras; o segundo é a Lógica, que se ocupa da legitimidade da linguagem, e o terceiro é a Retórica, que processa unicamente o adorno da linguagem.*

Dodel dos Santos explica:

> *Gramática é o estudo ou tratado da linguagem falada e escrita. Uma das matérias (a 1ª) que na Idade Média constituía o chamado trívio, que juntamente com as matérias do quadrívio formaram o quadro das artes ou ciências liberais. A primeira gramática foi a sânscrita. Aparece como inscrição maçônica no Grau 30 do R∴ E∴ A∴ A∴.*

Nicola Aslan:

> *Gramática – Palavra que vem do grego grama, que significa signo, letra, incisão, figura que serve para exprimir a palavra. É o estudo ou tratado dos fatos da linguagem falada ou escrita e das leis naturais que a regulam.*

Era, na antigüidade, uma da Sete Ciências ou Artes Liberais. A gramática mais antiga que se tem notícia é a sânscrita, aparecendo, posteriormente, a do Grego Crates de Males. Somente na época da escola de Alexandria, é que a gramática começou a formar uma ciência à parte, compreendendo então, a explicação dos poetas, a interpretação do sentido palavra e as regras de pronúncia.

Na Idade Media, o cultivo da gramática coube aos escolásticos e esta arte desenvolveu-se com a cultura e a civilização do homem. Era compreendida no "trivium".

Modernamente a Gramática também sofreu a influência das atuais correntes de pensamento, cuja análise do discurso é feita de modo multifatorial: o momento histórico, as influências sociais, a ação humana, as variações das línguas entre os povos, as origens dos vocábulos, e sua significação e outros.

Para sentirmos a complexidade das colações hodiernas, citemos Claude Levi-Strauss ao sugerir que uma regra elementar, a proibição do incesto, ao ordenar um "instinto" biológico ligado à perpetuação da espécie, realiza uma ruptura entre o universo das coisas naturais – domínio da Natureza –, e o universo das práticas sociais humanas – domínio da Cultura. Se aceitamos semelhantes diferenças, poderemos isolar duas características da cultura:

1) pertence ao universo da cultura tudo o que o homem acrescentou à Natureza, através do seu trabalho transformador;
2) pertence ao universo da cultura tudo o que não é hereditário, mas é aprendido pelo homem.

A aprendizagem, a conservação, a transformação do acervo cultural realiza-se por meio de uma grande variedade de práticas sociais; que para transmiti-las de um indivíduo para outro, de uma geração para a seguinte usa um sistema de signos; e a ciência que os estuda, quaisquer que eles sejam, bem como campos de utilização deles, chama-se semiologia ou semiótica.

A Semiótica está ligada à "realidade cultural" de uma comunidade, e de todas as espécies de sistemas sígnicos construídos pela humanidade ao longo do tempo.

No processo de educação quando a pessoa aprende a língua natural, juntamente com ela carrega os valores sociais da ideologia de seu grupo.

Desse modo, o comportamento individual na sociedade é duplamente programado (no sentido cibernético):

a) por um código genético, herdado de seus antepassados; e b) por um código linguístico-ideológico, aprendido do seu grupo.

Faz parte da Semiótica, a Lingüística cujo objetivo é estudar a principal modalidade dos sistemas sígnicos, a das línguas naturais, como o português, espanhol, francês e outras.

A Lingüística é uma ciência interdisciplinar. Ela toma emprestada a sua instrumentação metalingüística dos dados elaborados pela Estatística, pela Teoria da Informação, pela Lógica Matemática...e, por outro lado, na sua qualidade de ciência-piloto, ela empresta os métodos e conceitos por ela organizados à Psicologia, à Musicologia, à Antropologia, à Teoria da Crítica Literária...; enfim ela se dá como Lingüística Aplicada, ao Ensino das Línguas e a Tradução Mecânica.

Torna-se difícil delimitar o campo de ação da Lingüística com as outras ciências da Linguagem como a Filologia e a Gramática, pela abrangência dela, conseqüente ao desenvolvimento cultural da espécie humana.

Tudo evoluiu e modificou-se através dos tempos. Das necessidades humanas surgiram novas ciências, como a lingüística, procurando unificar o conhecimento do homem dentro do todo cultural, e portanto a visão global holística e unitária é a predominante, no momento de hoje; e não as separatistas e múltiplas correntes da pseudociência maçônica.

Principalmente em relação à simbologia da Maçonaria; ela não pode ser interpretada erroneamente de acordo com o conhecimento individual, e até precário, de simbolistas apressados, porém através da análise, e síntese fundamentada em princípios científicos da língua, da antropologia, arqueologia e do bom senso.

Até a Gramática, como conhecimento de uma língua, evoluiu; por que a Maçonaria está no século XVIII e XIX?

2.2.7 – Retórica

Consideramos a Retórica como a coroação da arte de falar, usando da correção da linguagem (gramática) e de raciocínios precisos (Lógica); por isso integram ao "Trívio" num conjunto harmônico e necessário para a busca da verdade lógica; porém ela é deturpada pelos amorais.

Originária do grego – rhetos (orador) – dando na mesma língua – rhetorike; e daí para o latim – rhetorica e finalmente ao português retórica;

Nos dicionários encontramos:

1 – Retórica – a arte de bem falar, ou o conjunto de regras relativas à eloqüência.

Um esboço da Retórica encontramos nas descobertas arqueológicas dos antigos sumérios, ao criarem a noção de opostos; Verão e Inverno, o gado e a semente, a prata e o bronze, o pastor e o lavrador ...

Procurando a utilidade das funções entre os contrários surgiu o debate ou controvérsia; que tinha como principal elemento a argumentação entre dois protagonistas: ora avançando, ora recuando; e no decorrer da qual cada um dos rivais engrandecia a sua própria importância e menosprezava o adversário. Tudo isto está escrito numa forma poética, por terem sido os homens de letras sumérios herdeiros e descendentes diretos dos menestréis iletrados de uma época mais remota, sendo-lhes mais familiar a poesia do que a prosa. A composição era formalmente precedida de uma introdução mitológica apropriada, a qual narrava normalmente a criação dos protagonistas e encerrava pela arbitragem da disputa pela decisão de um ou vários deuses, entre os principais do panteão sumério.

Conhecemos, presentemente, no todo ou em parte, sete desses textos literários, porém somente três deles foram estudados, mais ou menos, de modo adequado.

Destacamos um deles: Inanna Cortejada, cujo enredo inclui o deus do Sol, seu irmão; deus dos pastores, Dumuzi, o deus dos lavradores, Enkimdu, e a deusa Inanna, trazendo algumas nuanças com os bíblicos: Caim e Abel.

Não pudemos estabelecer outros nexos anteriores à civilização grega; porém vamos encontrar, escrito por Aristóteles, o livro intitulado Retórica, a mais antiga tentativa de sistematização da arte discursiva.

A Retórica grega teve início com os sofistas no século V A. E. C., em Siracusa, que a dividiram em três grupos: política, forense e epidíctica (aparatoso, ostentoso, demonstrativo).

Parece ter sido Corax, quem primeiro a empregou; formulando uma série de regras para dividir o discurso em cinco partes: proêmio, narração, argumentação, observações adicionais e peroração. Ainda hoje, proêmio significa: introdução, prefácio e exórdio. E peroração a última parte, a conclusão do discurso; epílogo.

É interessante a todos os escrevedores ou escritores seguirem estas normas seculares, para se tornarem inteligíveis.

Contra os sofistas, Sócrates e Platão sustentaram ser a Retórica uma arte superficial que somente adquire valor à medida de sua participação na pesquisa da essência da Filosofia; entretanto Aristóteles deu-lhe uma organicidade, e para ele ela era corretiva, instrutiva, sugestiva e defensiva; tendo como um de seus cultivadores a figura de Demóstenes, cujo estilo clássico foi substituído pela oratória ornamental da Ásia, técnica artificiosa, denominada "estilo asiático"; que muito influenciou os romanos, especialmente Cícero, adotando a idéia central de que o orador perfeito era o homem perfeito; ponto de vista adotado por Quintiliano para o qual a Retórica tem por fim a formação moral e intelectual do estudioso.

Aristóteles, Cícero e Quintiliano inspiraram todos os tratados posteriores. Em sentido amplo, a Retórica foi considerada como a arte de usar a linguagem em todos os gêneros literários. Desde as origens, a composição oral ou escrita, tal como ela ensinará, era um processo resultante da aplicação de cinco elementos: invenção, disposição, elocução, memória e pronunciação.

Relembremo-nos que, durante a Idade Média, e a Renascença, a Retórica fazia parte do trívio (trivium), como indispensável requisito educacional.

No século XVI, ela dividiu os seus elementos com a Lógica. No século XIX, os jesuítas tornaram-se os mestres da Retórica aplicada à oratória e aos domínios da crítica e da ficção.

Em conseqüência do Romantismo, cuja essência, pode-se dizer, reside na liberdade criadora e individual do artista, gerando hostilidade à Retórica.

O movimento do Romantismo teve origem na Alemanha e Inglaterra no fim do século XVIII, tendo depois se espalhado por toda a Europa através da França. O escritor romântico é contrário a qualquer imposição, seja de princípios formais ou temáticos, que possa limitar sua capacidade criativa. A ênfase nas qualidades e na inspiração pessoais afastou o gosto literário das regras retóricas e preceptísticas. Então, na linguagem do cotidiano, a palavra retórica passou a significar o cuidado excessivo com o aspecto técnico e o exagero dos elementos formais e ornamentais.

Também o raciocínio cartesiano foi outro golpe na Retórica que perdurou até o século XIX, e depois a Lógica Simbólica com o Cálculo de Sentenças, junto com a Teoria da Retórica, que mesmo assim sobrevive entre os homens enganadores: políticos, pregadores religiosos e também nos meios de comunicação com o sensacionalismo fazendo apelo às emoções e não à razão.

Mesmo usada, e não abusada em certas oportunidades, a Retórica, numa rápida síntese, é o discurso cuja forma é primorosa, e cujo conteúdo é sem compromisso com verdade. Seu objetivo é a persuasão do público através da escrita ou oralmente. O termo retórica também designa o conjunto de regras da eloquência. Embora desacreditada por Platão, ela foi vista de maneira favorável por Aristóteles e cultivada com importante arte e ciência na Antigüidade, especialmente por Cícero, chegando, após passar pelo trívio dos escolásticos, até hoje, porém mais como parte da história do conhecimento humano, e de pouca utilidade na cultura moderna, a não ser o seu uso pelos enganadores do povo.

Procurando nos dicionários maçônicos encontramos em Dodel dos Santos:

> *Retórica: Diz-se do conjunto de regras referentes à arte de bem falar, à eloqüência. Uma das ciências ou artes liberais dos antigos. O termo aparece na escada mística do Grau 30 ao Orador da Loja cabe a linguagem clara, conclusiva e não afetada, conforme determina o "Manual do Orador".*

Em Nicola Aslan:

> *Retórica – Arte da palavra falada ou escrita, que se caracteriza pela técnica orientada com o fim de persuadir e de impressionar o ouvinte ou leitor. É uma das sete ciências ou Artes Liberais (UEP). A palavra vem do latim Rhetorica, que significa a "arte da eloqüência ou beleza da expressão", consiste em dar beleza à expressão e eficácia à linguagem. Refere-se também ao conjunto de regras relativas à eloqüência.*
>
> *A Maçonaria recomenda a arte de embelezar a linguagem, no segundo Grau, como parte da educação liberal e o orador para conseguir adornar o seu discurso deve estar familiarizado com as outras ciências.*

Em Mackey temos:

> *A Retórica: É a arte de embelezar a linguagem com os adornos da construção de tal maneira que facilita ao orador o poder de persuadir ou interessar seus ouvintes. Supõe-se que para assim proceder ele deve conhecer as demais artes liberais; pois o primeiro passo para enfeitar o discurso, é de que o orador tenha familiaridade perfeita com seu tema, por essa razão existe a regra antiga da obrigação dele conhecer todas as artes e ciências. Sua importância como parte essencial da educação liberal e parte dos ensinamentos maçônicos no Grau de Companheiro. É uma das sete artes e ciências liberais, a segunda na Ordem, e encontra-se nas antigas constituições ser a "Retórica que ensina o homem a falar em termos sutis e elegantes". Manuscrito Harleiano.*

Podemos notar que os nossos estudiosos e tratadistas confundem

Retórica com eloqüência: linguagem clara, conclusiva e não afetada .... A Retórica é a linguagem afetada, e não tem a necessidade de ser clara e conclusiva como a linguagem lógica.

Ela (a Retórica) prende-se mais à beleza e às figuras de linguagem para impor uma idéia, não importando que ela seja falsa ou verdadeira; enquanto a lógica preocupa-se com a verdade lógica, e a gramática como expressá-la com a devida correção.

A fim de se evitar prováveis falácias tanto do silogismo mal empregado e dos retóricos temos algumas regras que podem ser usadas com relativo sucesso. Muitos exemplos podem ser encontrados na religião e na política, e, infelizmente, na Maçonaria, porque os seus expositores são freqüentemente obrigados a justificar duas proposições contraditórias.

Entre as falácias estão:

1 – ad hominem – expressão latina que significa "ao homem", quando atacamos o argumentador e não o argumento (por exemplo, tivemos numa celeuma recente, entre dois Irmãos sobre a cor do R∴ E∴ A∴ A∴): "O caro Irmão – ou um Ghost writer (escritor fantasma) – ao pretender ignorar o que se passa no resto do mundo, adota a prática do avestruz, que enterra a cabeça na areia e ignora o que ocorre ao seu redor, ou a tática da viseira, que faz com que seu portador enxergue apenas numa direção, bitolando a sua concepção do mundo". (A revista "A TROLHA" nº 128);

2 – argumento de autoridade (exemplificando): que os antigos landmarques, costumes e usos da Maçonaria serão estritamente observados (art. 8º da imposição autoritária da Grande Loja Unida da Inglaterra – 1929); trazendo graves conseqüências à Ordem Maçônica;

3 – argumento das conseqüências adversas: Deve existir um G∴ A∴ D∴ U∴ que confere castigo e recompensa, porque, se não existisse, a sociedade seria muito mais desordenada e perigosa – talvez até ingovernável. Ou a formulação cínica de Políbio: Como as massas são inconstantes, presas de desejos rebeldes, apaixonadas e sem temor pelas conseqüências, é preciso incutir-lhes medo para que se mantenham em ordem. Por isso, os antigos fizeram muito bem ao inventar os deuses e a crença no castigo depois da morte".

4 – apelo à ignorância – a afirmação de que qualquer coisa que não provou ser falsa deve ser verdade, e vice-versa (por exemplo): Não há evidência convincente de que a Maçonaria, com o seu ocultismo não desenvolva os poderes psíquico-humanos; portanto ela os desenvolve através de suas práticas ritualísticas;

5 – alegação especial, freqüentemente para salvar uma proposição

em profunda dificuldade teórica (por exemplo da Constituição de Anderson modificada): De todos os homens, deve ser o que melhor compreende que Deus enxerga diferentemente do homem, pois o homem vê a aparência externa ao passo que Deus vê o coração. Seja qual for a religião de um homem, ou sua forma de adorar, ele não será excluído da Ordem, se acreditar no Glorioso Arquiteto do Céu e da Terra e se praticar os sagrados deveres da moral ...". Para justificar o inconseqüente teísmo de um Deus antropomórfico, contrário ao princípios racionalistas e deístas, criou-se uma segunda proposição, considerando apenas a crença no Glorioso Arquiteto do Céu e da Terra;

6 – petição de princípio, também chamada de supor a resposta (por exemplo). Devemos eliminar os Irmãos faltosos, para desencorajar o absenteísmo. É uma análise até certo ponto ridícula; pois a simples eliminação do Obreiro não aumenta o quadro da Ordem, mostrando a falácia de tal proposição;

7 – Seleção das observações, também chamada enumeração das circunstâncias favoráveis, ou, segundo Francis Bacon, contar os acertos e esquecer os fracassos (por exemplo nos relatórios dos mandatários maçônicos): Construímos o palácio maçônico, fizemos mil visitas às Lojas, criamos mais três Lojas, mas se calam quanto o número de Obreiros e Lojas perdidas, da falta de instrução, e outros quesitos essenciais a uma Ordem iniciática;

8 – estatística dos números pequenos – engano aparentado com a seleção das observações (por exemplo): 0,1% da população brasileira é formada por Maçons, logo Curitiba tem mais ou menos mil e quatrocentos Obreiros da Arte Real (supondo uma população de 1.400.000 habitantes). Não deve chegar a mil, se contarmos os Irmãos que pertencem a mais de uma Loja;

9 – compreensão errônea da natureza da estatística (por exemplo): Num encontro de Lojas de Pesquisas, um Irmão ficou admirado porque mais de 90% dos Graus 33 tinham mal e mal o curso primário; confundindo conhecimento formal com a sabedoria informal;

10 – incoerência (por exemplo): Inúmeras publicações de reuniões das altas cúpulas maçônicas dão como causa dos infortúnios brasileiros as questões de saúde, educação, desnível econômico, e até o plano real, apresentando conseqüentemente soluções esdrúxulas, como maiores verbas para esses setores, esquecendo-se que a população está crescendo acima de qualquer locação de recursos, para resolver esses problemas; porquanto eu

o resolvo hoje, e amanhã tenho mais três milhões de habitantes entrando precisando usufruir dos benefícios do Estado;

11 – post hoc, ego propter hoc – expressão latina que significa "aconteceu após um fato, logo foi por ele causado" (por exemplo): A Maçonaria brasileira teve uma fase decadente, depois da questão religiosa; e

12 – pergunta sem sentido (por exemplo): Por que o pavimento quadriculado é formado por quadrados brancos e pretos? Se observarmos muitas perguntas desse tipo são feitas dentre as dos consultórios maçônicos.

Ainda poderíamos citar outras proposições encontradas entre sofismas humanos e conseqüentemente maçônicos tais como:

a) exclusão do meio termo ou dicotomia falsa;
b) curto prazo versus longo prazo;
c) declive escorregadio, relacionados a exclusão do meio termo;
d) confusão de correlação e causa;
e) espantalho – caricaturar uma posição para tornar mais fácil o ataque;
f) evidência suprimida ou meia verdade; e
g) palavras equívocas.

Conhecer a existência dessas falácias lógicas e retóricas, torna mais fácil a detecção de mentiras dos outros e avaliar os nosso próprios argumentos antes de o apresentarmos aos outros.

Tudo, como observamos, tem a tendência de evoluir num sentido de utilidade, beleza e perfeição, porém somente o homem é capaz de se manter preso aos seus desejos e instintos primários, e para isso ele usa de todos os artifícios principalmente os sofismas enganadores de todos aqueles que não usam do livre arbítrio de pensar e procurar a verdade lógica para o momento.

2.2.8 – A Música

Imaginemos os nossos mais antigos ancestrais, os trogloditas da Idade da Pedra, ouvindo a Natureza de seu habitat; onde o barulho dos seres vivos misturava-se com o murmúrio das águas nos rios, e o estampido delas caindo das cachoeiras, o estrondo do trovão; o fogo destruidor caindo do céu, anunciando a ira dos espíritos ou dos deuses; e aos poucos ele foi descobrindo os rumores produzidos ao bater com o punho em outras partes do corpo, e do próprio pé ao pisar mais pesadamente ao solo. Talvez, por uma analogia sonora, a sua razão desabrochando tenha associado os ruídos ao redor dele, com seus próprios, chegando à conclusão de ser esta a maneira de aplacar a cólera dos espíritos, ou outros entes sobrenaturais. Deu aos próprios sons: o ritmo, e, conseqüentemente, nasceu a Música.

Sobre a origem das línguas temos para comprovar, ou pelo menos, dar um sentido lógico das afirmações acima, as pesquisas de alguns estudiosos; pois ninguém sabe como ou quando apareceram as línguas. Qual foi a primeira? Qual é a mais antiga entre as faladas hoje em dia.

Contudo, é geralmente aceito ter a língua evoluído a partir de uma série de sinais sonoros, tais como os utilizados pelas aves, peixes, animais terrestres e marinhos (incluindo o homem).

Há várias teorias sobre a origem da linguagem: gritos de alerta, interjetiva (exclamações de desagrado: Aí!), vozes de animais e onomatopaica (teoria "ding-dong").

Esta última sugere-nos terem os seres humanos iniciado a sua linguagem através da nomeação de objetos, ações e fenômenos com um som distintivo, tal como "bum" para o trovão, "tun-tun" para o coração ...

Quanto a origem neolítica há algumas reminiscências como a palavra basca para "faca", cuja tradução é: "a pedra que corta", e "teto" significa literalmente "teto da caverna".

Existe também uma teoria "yo-he-ho" de terem as línguas iniciado com uma evolução dos cantos ritmados que acompanham o trabalho para orientar a cooperação humana.

Nada podemos afirmar com certeza, porém no terreno das teorias existem evidências científicas dos gestos e sons ritmados criaram a música primordial acompanhada pela dança para comprar os favores ou aplacar a raiva dos seres sobrenaturais, para eles produzirem caça abundante, ou colheitas fartas, e também curassem as doenças por eles geradas. Ainda hoje há o mesmo esquema primitivo dos homens buscarem a graça divina, não só para seus males, mas, também, para a eterna salvação deles. É o atavismo instintivo predominando sobre a razão, dando à música o seu aspecto sagrado. Porém o estímulo sonoro, por sua vez, levava ao movimento rítmico e vamos encontrar em todas as culturas ancestrais a associação entre a música e a dança; cujo exemplo mais primitivo é dos xamãs revividos no mundo moderno pelos pajés, feiticeiros, nos pais (ou mães) de santo dos cultos afro-brasileiros, e médium (sensitivos).

Tanto a medicina, como a magia, e o misticismo estão intimamente ligados ao xamanismo.

Tanto faz um xamã estar no Sul, ou ao Norte, ou próximo à linha equatorial ou tropical, a sua ritualística é sempre semelhante a começar pelas vestes sempre coloridas, vistosas e adornadas pelos mais variados enfeites; o toque ritmado dos instrumentos de percussão, inclusive o arco de uma única corda (ancestral do berimbau), e alguns de sopro; ao mesmo tempo a dança com o bater dos pés, com gestos específicos acompanhando o canto monótono (mantrans primitivos).

Parece ter o xamanismo sua origem na Sibéria. Passando pelo estreito de Behring disseminou-se pelas Américas, e da crescente fértil, ou pelos indo-europeus espalhou-se pelo resto do mundo.

No Brasil, além dos pajés indígenas, temos os cultos afro-brasileiros: candomblés e umbanda, cujas raízes são africanas e discute-se se os seus rituais foram influenciados pelos egípcios ou outros porém, como vêm demonstrando as pesquisas genéticas modernas (ADN ou DNA) o berço da humanidade foi a África, há oito milhões de anos, evidenciando terem as cerimônias africanas influenciado o misticismo das populações mais antigas.

Numa síntese momentânea, entendemos por primitivos os homens mais antigos, que as pesquisas arqueológicas, antropológicas e os documentos históricos permitem-nos encontrar em todas as culturas nos primeiros degraus do progresso social.

Esses seres humanos cultivaram a magia, considerada por eles como ciência, e, nas suas cerimônias, a dança, e, principalmente o canto ocuparam o primeiro lugar. A Encantação musical era necessária para as virtudes da magia.

A voz humana era instrumento do sacerdote e encantador. Era por intermédio dela invocados os Invisíveis a qualquer distância ou local. Uma determinada viola irritava os Espíritos; uma outra, os abrandava e os atraía.

Usamos, hoje, dizer que esta ou aquela voz é cheia de encanto, sem atribuir o real valor ao termo. Antigamente significava ser ela capaz de transformar os fenômenos da natureza.

Existem em todas as culturas antigas, lendas, histórias, ligando a música à magia. Na lenda de Orfeu, os Hindus tinham seus cânticos diurnos e noturnos, e diz uma de suas lendas, que um cantor ao entoar durante o dia um canto da noite, as trevas imediatamente o envolveram; algumas óperas, como Siegfried, forjando sua espada, enumera-lhe as propriedades de magia e outras.

Ricardo Wagner a esse respeito assim se exprime: "O poder do compositor não é senão o do mago. É bem num estado de encantamento que nos sentimos durante a audição de uma sinfonia de Beethoven".

Quanto à origem a opinião geral é que a palavra música, vem do grego *mousike*: a arte das musas, passando pelo latim *musica*. O radical *mus* vamos encontrá-lo nas várias línguas orientais e ocidentais: Música, Musik, Music, Musique, Musiké, Musika ...

Música é a arte e ciência de combinar os sons de modo agradável ao ouvido; ou pelo menos era essa a definição até mais da metade de nosso século.

Para os gregos, do período clássico, o homem musical era sinônimo de honesto e bom.

Na educação grega as disciplinas obrigatórias eram ginástica, a música, a dança e as outras artes e ciências liberais. Para eles a ginástica era útil ao desenvolvimento do corpo, assim como a música se tornava necessária à sua vida moral, e os gregos reconhecendo o grande valor dos movimentos ritmados, uniram a ginástica à música.

À Encantação musical sucederam as Orações cantadas, que deram origem aos Hinos, cujos mais antigos são os Hinos a Apolo, descobertos em Delfos em 1893.

Roma continuou a tradição grega, tendo Nero por vaidade introduzido nela os concursos de canto, devido a sua conhecida rivalidade com Britânico.

A Nero também atribuem a instituição da Claque, organizada para aplaudi-lo.

Dada a cultura helenística, imposta por Alexandre Magno, ao mundo antigo, a música grega espalhou-se por todos os povos civilizados, seguindo duas correntes, sendo que uma delas passou à Ásia Menor onde se confundiu com a arte hebraica tradicional.

Da Sinagoga passaram para a Igreja Cristã os cantos de Aleluia, "louvor a Deus"; os Salmos, tirados uns da Bíblia e outros de elaboração original; e os Hinos, cânticos espirituais (numerosos em todos os tempos).

Os mais antigos cânticos cristãos parecem ser os Salmos, os quais provêm do culto hebraico, e de algumas melopéias gregas ou latinas.

Malgrado o canto tenha sido às vezes criticado e considerado nefasto, como no dizer de Santo Efraim: "A peste da corrupção escondeu-se sob o manto da beleza musical"; eles continuaram a ser adotados pelo catolicismo imperante, e no século XI, o monge beneditino, Guido d'Arezzo, criou o sistema de notação musical e para a denominação dos tons ele usou as primeiras sílabas de um hino a São João Batista, do primeiro século da Era Cristã:

UTqueant laxis (Para que possam livremente)
REsonare fibris (ressoar as cordas)

MIra gestorum (com muitos cantos)
FAmuli tirouem (sobre teus efeitos)
SOLve polluti (apaga os erros)
LAbü reatum (dos lábios manchados)
Sancte Ionnes (Oh! São João).

Passando para uma tradução livre teríamos: "Purifica, oh! São João, os lábios impuros de teus servos, para que possam cantar, nas maviosas cordas, prodígios por ti feitos".

No século XVII, o UT passou a ser DO, mudança feita por João Batista Doni.

Interrompemos nesta altura este apanhado de fatos, porquanto nos parece ter ficado bem claro a suposta origem sagrada da música, bem como o seu aspecto indutor de transe, no qual o xamã ou médium faz a sua transa com o sobrenatural.

Sem entrarmos em maiores detalhes sobre o transe, que além dos significados comuns, pode ser considerado como um estado alterado de consciência, originário do verbo transis (penetrar, repassar).

Essa alteração da senso-percepção e da personalidade é induzida pelos sons monótonos e persistentes, usados por todas as culturas em suas práticas religiosas, e também pela sabedoria popular como o acalanto dorme-nenê:

Dorme Susana
quí eu tenho o que fazê,
vou lavá e gomá
camisinha pra você, ê, ê, ê, ê,
Susana é um bebê i, i, i, i,
Susaninha vai dormir.

Repete-se inúmeras vezes os versinhos, até eles cumprirem com a função de produzir o sono.

Nos terreiros de Umbanda e Candomblé, também os pontos cantados repetitivos e monótonos, associados à luz tremulante das velas e do cheiro do incenso queimado, levam as pessoas mais sensíveis aos estados de dissociação da personalidade.

Nos idos de 1980, assistimos a um congresso de reflexologia, na cidade do Rio de Janeiro. Entre as coisas que chamaram a atenção foi uma sessão de vodu em plena mata da América Central, e a apresentação pelo Dr. David Aksteirs da sua técnica de psicoterapia de grupo chamada por ele de Terpsicoretranseterapia (T.T.T).

A sessão de vodu desenrola-se em plena mata fechada, numa clareira, tendo um altar no centro, no qual estava gravado o nosso símbolo: o esquadro entrelaçado ao compasso. Até hoje, quando procuro uma explicação, fico sem uma resposta adequada.

Quanto à T.T.T. as sessões seriam realizadas por duas horas, num ambiente tranqüilo, agradável e amistoso, luz débil, roupas cômodas. Os pacientes, o operador e seus assistentes usam calçados de sola de borracha ou ficam descalços.

Usa-se como fonte musical um conjunto de cinco elementos ou uma gravação de músicas costumeiramente empregadas nas práticas de Umbanda e de outros cultos afro-brasileiros. O importante do fundo musical é marcação por golpes de tambor (ritmado e monótono) na indução do transe cinético.

Instrui-se os pacientes, colocados em fila, a manterem os olhos fechados e a concentrarem-se naquilo que mais desejam: sua cura, seu bem-estar, a solução de seus problemas familiares ou sociais, ou outro desejo essencial, criando um monoideísmo.

Segundo o autor, essas condições permitem aprofundar o transe; há regressão aos níveis mais profundos, liberando formas de condutas arcaicas armazenadas na córtex cerebral. Liberam-se, assim, tendências, impulsos ou reações primitivas de um passado bem remoto.

O trabalho do Dr. Akstein procura demonstrar e explicar certas reações humanas, que nada têm de sobrenatural, cujos fenômenos são produzidos pela nossa memória atávica de origem bem antiga.

Também encontramos um semelhante processo de indução do transe em certas seitas mais ou menos relacionadas às Igrejas Reformadas em suas sessões, aonde o dirigente usa sons altos e a pregação constante do castigo divino através do "marketing" do diabo, levando a um processo de dissociação.

A mesma técnica, com algumas alterações, é usada na propaganda da mídia, onde a repetição temática, juntamente com imagens de homens ou mulheres bonitas, associam-se à satisfação dos prazeres humanos mais instintivos.

Cremos ter ficado devidamente evidenciada a função da música como processo de encantamento em todas as formas de magia, desde o xamã até a mídia moderna.

Em Maçonaria encontramos:

> *1 – "Todas as Sessões Magnas Maçônicas, abertas ao público ou não, deverão ser acompanhadas por música apropriada – vibrante ou em surdina, dependendo do momento – durante toda a sua duração. Já nas Sessões Econômicas, que são meramente administrativas, se elas forem realizadas no interior do Templo, com formalidades ritualísticas, só haverá execução musical na entrada e na saída dos Obreiros e, eventualmente, durante a circulação do Tronco (José Castellani)".*
>
> *2 – "Uma das Sete Ciências ou Artes Liberais. Vem do Grego Musa, que significa "inspiração", "poesia", "harmonia dos sons". É a arte ou ciência de combinar os sons de maneira*

agradável ao ouvido, quer sejam provenientes da voz humana ou de instrumentos.

Foram descobertos instrumentos musicais em Babilônia, datando de vinte e seis séculos a.C. Os sumérios, caldeus e hebreus incorporaram a música às suas festas religiosas e profanas, tendo Roma recebido da Grécia vastíssima cultura musical, que tinha florescido extraordinariamente em Atenas, Tebas e Esparta".

Deixando de citar uma série de proposições, por já constarem no texto, o autor encerra:

Referindo-se à música, outro autor inglês diz que "uma alocução opcional, para ser usada quando é investido o organista, nos relembra que a Maçonaria desde o período mais primitivo de sua história, beneficiou-se com o auxílio da música no desempenho de seus Ritos e Cerimônias.

Mozart compôs várias obras maçônicas: 1º A Viagem do Companheiro (Die Gessellenreise), 1785; 2º Abertura e fechamento da Loja (Opus 483 e 484); 3º Três Cantatas (Op. 471, 619 e 623); 4º Uma elegia orquestrada (Mauperische Traver Musik op. 497); 5º A ópera "A Flauta Mágica", 1791 e outras. (Nicola Aslan)

3 – Destacamos de Sebastião Dodel dos Santos:

Em todos os tempos cultivou-se a música, pois todos os povos tiveram uma ou mais personagens a quem se atribuiu a invenção dessa maravilhosa arte; entre os gregos era Apolo, Orfeu, Lino, Anfion; este último, segundo a lenda, edificou Tebas ao som de sua Lira. Tanto na fábula como na história há referências à Flauta de Pã, a Harpa de Davi.

Na Maçonaria é usada a música adequada à Sessão em que trabalha a Oficina. Sempre que possível o Oficial Mestre-de-Harmonia deve ser músico, um maestro.

4 – Abrines traz um longo histórico referente à Música da qual salientamos ter sido Osíris o inventor da flauta; a lira de três cordas foi criada por Hermes; os hebreus grandes cultores da arte musical, e parece-nos terem sido os descobridores da musicoterapia, quando Davi com os sons da harpa ou da Lira curou Saul de uma depressão; encontramo-la no segundo degrau da escada dos Cavaleiros de Kadosh, e simboliza a harmonia que deve existir entre todos os Maçons do Universo. Algo impossível dentro do conceito de regular e não regular.

5 – Para Mackey: *"A Música é uma das sete ciências e artes liberais, cuja beleza é cultivada no Grau de Companheiro do Grêmio. A música se recomenda à atenção dos Maçons, porque como a harmonia doce aumenta os sentimentos generosos da alma, de igual maneira deveriam harmonizar os bons sentimentos que devem predominar entre os Irmãos, que pela união*

da amizade e do amor fraternal possam sossegar as paixões tumultuosas, prevalecendo a harmonia em todo o Grêmio".

6 – Alec Mellor, em seu dicionário, dedica duas páginas à música, das quais citamos alguns tópicos:

> *Música maçônica. A música teve um papel importante na vida das Lojas, a ponto de os próprios Estatutos de Anderson terem sido acompanhados pelas principais canções da época.*
>
> *Os cânticos maçônicos acompanharam, precederam ou seguem as cerimônias, e assemelham-se aos cantos da Igreja, a partir de cuja música são por vezes, aliás, compostos. Não fazem parte do Ritual, o que permite que se os execute em certas circunstâncias em presença de profanos.*
>
> *Na Inglaterra, canções tais como Entered Apprentice Song (Canção do Aprendiz Acolhido) e outras floresceram nas Lojas do século XVIII. Eram geralmente cantadas at refreshment, isto é, durante a recreação. O seu tema comum é a união fraternal, por vezes com uma ponta de humor com relação à curiosidade profana.*
>
> *Na França, reina o mesmo tema, e muitas canções maçônicas, sobretudo as destinadas a acompanhar os banquetes, são mais leves, muitas vezes com muito espírito, por vezes atrevidas, na verdade, abertamente báquicas.*
>
> *Tendo desaparecido durante a Revolução, a canção maçônica reapareceu durante o Império, bem diferente da que havia conhecido a antiga França. Era, então, apenas estrofes de adulação servil em que coroavam de louvor o busto do Mestre. A partir desta época decairia. Insípida e sem vida durante a Restauração e a Monarquia de Julho, raivosamente anticlerical na Segunda metade do século XIX, acabou por desaparecer, pelo menos aparentemente. Foram os países germânicos que tiveram a honra de produzir uma "grande música" maçônica com Beethoven (não está provado mas é possível que ele tenha sido Maçom), Friedrich-Heinrich Himmel, e sobretudo Mozart na sua genial Flauta Mágica e muitas composições destinadas a serem executadas na Loja, principalmente a extraordinária Ode fúnebre.*

A quarta e última parte das Constituições de Anderson é formada por quatro cânticos, pertencentes à mais antiga época da Maçonaria teórica. As duas primeiras (Canção do Mestre e do Vigilante) são feitas, quanto a letra pelo próprio Anderson, e são um tedioso resumo da história maçônica, como a da primeira parte das Constituições. A terceira (Canção do Companheiro) é obra do Irmão Charles Delafaye, para ser cantada na Grande Festa anual. A quarta (Canção dos Aprendizes) foi composta por outro Irmão, Matthneu Birkead, para ser cantada em Loja após a resolução dos problemas da Sessão.

O CANTO DO MESTRE OU A HISTÓRIA DA MAÇONARIA:

Para ser cantado com coro quando o Mestre dê sua permissão, seja para cantar uma parte ou todo.

Parte I

I

Adão, o primeiro homem criado com a Geometria impressa em sua mente real, instruiu logo os seus filhos Caim e Set, que então aperfeiçoaram a ciência liberal na Arte da Arquitetura a qual gostavam e comunicaram-na aos seus descendentes.

II

Caim construiu primeiro uma formosa e forte cidade, e chamou-a Consagrada, pelo nome de Enoc, seu filho, seu filho mais velho que toda sua raça imitou; porém o piedoso Enoc, das entranhas de Set, elevou duas colunas com muita habilidade e ordenou a toda a sua família a erigir verdadeiras colunatas.

III

Nosso pai Noé apareceu logo também com Maçom ensinado pela divindade e por ordem divina construiu a Arca, que conteve uma preciosa carga; foi construída pela autêntica Arquitetura, ajudado por seus filhos, em número de três que contribuíram para o mesmo.

IV

Assim do dilúvio universal nada se salvou, exceto os Maçons e sua esposas e toda a humanidade que descendem só deles, esforça-se na Arquitetura; porque eles multiplicaram-se rapidamente e logo se dispersaram para povoar a Terra, na ampla e fecunda planície de Sinai deram à Maçonaria o segundo nascimento.

V

Porque a maior parte da humanidade foi usada em construir a Cidade e a Torre; a Loja Geral alegrou-se profundamente em razão do poder dos Maçons, até que a vaidosa ambição provocou que quem os criou confundisse seus planos; porém, ainda que falassem com línguas confusas não esqueceram a sábia Arte.

Coro

Quem pode revelar a Arte Real ou cantar os segredos do canto? Estão guardados em segurança no Coração do Maçom e pertencem à antiga Loja.

(Interrupção para brindar à saúde do atual Grão-Mestre).

Parte II

I

Assim quando se dispersaram de Babel em colônias para climas diferentes todos os verdadeiros Maçons, que podiam relatar os seus trabalhos em tempos futuros, e o rei Nemrod fortificou seu reino, com castelos, torres e belas cidades; Misraim, que governava o Egito, construiu ali majestosas pirâmides.

Observação: Misraim não é o nome de um governante egípcio, mas segundo tudo indica era o próprio nome do país dado pelos hebreus:

Hebr.: – Mitzeraim (Egito).
Hebr.: – Metzaraim (angústias).
Ing.: – Misery.
Port.: – Miséria – também em outras línguas românicas.
(Rumo à Língua Avó – Pedro Poletto.)

II

Nem Jafet e sua valente progênie favoreceram menos à Maçonaria; Nem Sem e seus sucessores nas bênçãos prometidas por herança. Porque o pai Abraam trouxe de Ur a Geometria, a ciência boa; que a revelou, sem dúvida, a toda a descendência de seu sangue.

III

A raça de Jacob sem demora foi ensinada a deixar o cajado do pastor e induzida a usar a Geometria enquanto fazia sob o cruel jugo de Faraó. Até que se levantou Moisés, o Mestre Maçom e guiou à Santa Loja, e desde então decidiu ministrar todo o seu surpreendente saber a todos os Maçons.

IV

Eliab e Bezelél.

Homens inspirados, levantaram a tenda aonde

"Shekhina" quis habitar. E apareceu a habilidade em geometria, e, quando esses valentes Maçons chegaram a Canaã, os sábios fenícios aprenderam que as tribos de Israel eram mais hábeis na Arquitetura firme e verdadeira.

Observação: Shekhina – literalmente "habitação", "moradia"; a presença miminosa de Deus no mundo.

V

Porque a Casa de Dagon, na cidade de Gaza, sustentada artisticamente por duas colunas, foi derrubada pelos fortes braços de Sansão, sobre os senhores filisteus, aos quais destruiu; ainda que era o maior edifício elevado pelos filhos de Canaã, mas não se podia comparar com o Templo do Criador; louvado por sua gloriosa beleza e sua formosa estrutura.

VI

Porém agora nós paramos por um momento para brindar à saúde de nosso Mestre e Vigilantes; e avisado-os que eviteis a Costa donde naufragaram e a fé e a fama de Sansão, por ter revelado os seus segredos a sua esposa sobre sua força, diminuindo seu valor, foi dominado por cruéis inimigos e nunca foi nomeado Maçom.

Coro ***(como na parte anterior, porém com brindes ao Mestre e Vigilantes da Loja).***

Parte III

I

Cantamos a antiga fama dos Maçons quando oitenta mil artesões erguiam, sob a direção de um Mestre de Grande renome, e de três mil e seiscentos bons Maçons, empregados por Salomão, e senhor, e também pelo Mestre Maçom Geral cuja realeza de Hiram estava em Tiro, imitando Salém edificada por autênticos Maçons.

II

A Arte Real era então divina e os artesões acima referidos construíram o Templo que sobrepujou toda expectativa, sendo aprovado pelo mundo admirado. Todos os homens engenhosos de todos os lugares vieram observar o grande monumento, e quando regressaram, começaram a projetar e imitar o magnífico estilo.

III

Finalmente, os gregos conheceram a Geometria e aprenderam a Arte que o grande Pitágoras mostrou, e o glorioso Euclides organizou; e o surpreso Arquimedes também, e outros muitos e excelentes sábios, até que os antigos romanos revisaram a Arte e compreenderam a Ciência.

IV

Porém quando submeteram a orgulhosa Ásia, e venceram ao Egito e à Grécia descobriram a Arquitetura e levavam tudo quanto aprenderam a Roma; donde o sábio Vitrúvio, Mestre primordial, de Arquitetos, melhorou as Artes, no pacífico tempo do grande Augusto, no qual a Arte e os Artistas eram amados.

V

Trouxeram o conhecimento desde o Oriente, e quando dominaram as nações, estenderam-no ao Norte e ao Oeste, e ensinaram ao mundo a Arte de Construir; cujo testemunho são suas cidadelas e torres; para fortificar os limites das conquistas de suas legiões, e também os seus templos, palácios e mansões, que falam do grande projeto maçônico.

VI

Assim os poderosos reis do Oriente, e alguns da raça de Abraam, e os bons reis do Egito, Síria, Grécia e Roma, entenderam a verdadeira Arquitetura. Logo não se deve estranhar que os Maçons unam-se para celebrar a esses reis Maçons, com canto solene e vinho fluente, enquanto os irmãos unem-se à canção.

Coro ***(como no fim das partes anteriores, porém com brinde em honra aos reis, clérigos e nobres propagadores da Arte).***

Parte IV

I

Oh! Gloriosos dias dos Maçons sábios de todo o Império romano, quando sua fama ressoava até os céus, e eram chamados de homens bons e úteis, usados desta maneira durante séculos, até que os godos, com sua raiva guerreira, e brutal ignorância, destruíram o trabalho de muitas épocas sábias.

II

Porém quando os godos invasores abraçaram o cristianismo, descobriram a loucura de seus pais na perdição da Arquitetura.

Entretanto seu zelo pelos templos admiráveis e a grandeza opulenta quando estavam em paz, fizeram-nos usar o máximo esforço para construir os seus edifícios góticos.

III

Assim muitas suntuosas e altas construções, elevaram-se em cada terra cristã ainda que não se configurava o estilo romano, contudo suscitam, sem dúvida, respeito.

Já que o rei e a Arte conviviam em bem constituídas lojas, onde acumulavam o lamentável vazio da habilidade romana com uma nova classe de Maçonaria.

IV

Isto prevaleceu durante muitas épocas cujo trabalho é de qualificável Arquitetura, na Inglaterra, Escócia, Irlanda e Gales.

Os artesões eram muito estimados pelo rei, como Mestres da Loja, por muitos ricos e nobres pares do reino, pelos senhores e donos, por sacerdotes e juízes e por todo o povo em todas as partes.

V

Dizem os antigos arquivos maçônicos, que o rei Athestan, de sangue saxão, outorgou-lhe uma carta de livres para viverem em uma loja superior, com boas regras tiradas de antigos escritos por seu filho o príncipe Edwin, Mestre Geral; que reuniu os irmãos em York, aonde estabeleceu as normas para aquela Loja.

VI

Desde então suas leis e obrigações foram observadas, cuidadosamente, em cada reinado das dinastias saxônicas, dinamarquesa e normanda, até que as coroas britânicas uniram-se. O primeiro monarca de toda a ilha, o sábio Jaime, um rei Maçom, que foi o primeiro rei a ressuscitar o estilo do grande Augusto: por ele cantado.

Coro ***(O mesmo das partes anteriores, com brindes aos restauradores do antigo estilo)***.

Parte V

I

Primeiro na Itália, a Arte foi reconstruída sobre as ruínas góticas, e o grande Paládio transmitiu, um estilo que os Maçons elogiaram, justamente.

Todavia aqui seu poderoso êmulo Jones, primeiro arquiteto dos britânicos, construiu tão estupendas massas de pedra, nunca igualadas, desde os tempos dos Césares.

II

O rei Carlos I, que era também Maçom, com vários pares e homens ricos, deram emprego aos autênticos Maçons, até o começo das malditas guerras civis; porém com a restauração da paz e da Coroa; Londres foi reduzida a cinzas e pela Arte e acordo entre os Maçons, ela foi reconstruída melhor do que antes.

III

O rei Carlos II elevou, então, a mais formosa coluna da Terra; fundou o grandioso templo de São Paulo, tirando recursos da Bolsa Real, consagrou-o com alegria e mirto; até que o Grande Nassau restabeleceu com prazer e com brilhante exemplo que prevaleceu, e desde então a Arte foi valorizada.

IV

Que as outras nações gabem-se como queiram; porém a Grã-Bretanha não cederá a nenhuma na verdadeira Geometria e habilidade em construir com madeira, ladrilho e pedra, uma Arquitetura para todas as classes nas surpreendentes Lojas, aonde encontramos os nobres junto com os sábios, e bebermos como artesões leais e amáveis.

V

Que todos os bons Irmãos alegrem-se e encham seu vaso do coração jubiloso: que expressem com a voz de gratidão os louvores a Arte admirável; que a saúde de cada seja evidente, nem louco e nem ladrão, senão Maçom autêntico; e que resulte na fama de nosso Mestre ou nobre duque de Montagu.

Coro ***(Como nas partes anteriores, sem brindes especiais)****.*

A CANÇÃO DO VIGILANTE

Outra História da Maçonaria pelo autor Anderson.

Para ser cantada e representada na assembléia trimestral.

I

Donde queira que estejamos sós, após a saída de todos os visitantes, no verão, outono, inverno e primavera, comecemos a trabalhar, comecemos a cantar.

O poderoso gênio da alta Loja, em cada época, convidará e inspirará ao príncipe, sacerdote, juiz, nobre e ao sábio para unirem-se e alimentarem o grande projeto maçônico.

II

Alimentar o grande projeto foi sempre a preocupação dos Maçons, desde Adão antes do dilúvio, cuja arte ensinou ao velho Noé, e este transmitiu a Jafet, Sem e Cam, que instruíram a sua raça a construir rapidamente a orgulhosa Babel, cidade e torre, que foi adorada em demasia, e então os filhos do homem se dispersaram.

III

Porém ainda que suas línguas se confundiram, em regiões distantes usaram a Arte.

Trouxeram de Sinai boas instruções para alimentar a Arte que entendiam; por isso cantemos primeiro aos príncipes das ilhas, logo do grande Bellus que fixou seu trono na antiga Assíria, aonde construiu majestosos edifícios e às pirâmides de Mizraim, entre os outros temas de nossa canção.

IV

E Sem, que ensinou a útil e admirável habilidade nas mentes das grandes nações, e depois Abraão transmitiu as lições da Assíria aos seus filhos, os quais quando se achavam em terra egípcia, pelas mãos do Faraó; foram duramente instruídos para serem homens hábeis, até que se levantou seu grande mestre Moisés, que os libertou de seus inimigos.

V

Porém, quem cantava os louvores daqueles que alcançavam a Tenda?

Cantemos aos obreiros fiéis como o aço, Ooliab e Beseleel; cantemos a Tiro e Sidom, e aos velhos fenícios.

Entretanto a façanha de Sansão jamais será esquecida; revelou seus segredos a sua mulher, que traiu o seu marido, que no fim derrubou o templo sobre todos os habitantes da cidade de Gaza.

VI

Todavia ao rei Salomão cantaremos com notas solenes; o qual realizou finalmente o grande projeto com riqueza, poder e arte divina, ajudado por Hiram, príncipe de Tiro, e por artesões excelentes; que aceitaram a encantadora influência do Hiram Abi; ajudando aos brilhantes Maçons judios, cujas estupendas obras nada será capaz de narrar.

VII

A estes gloriosos reis Maçons cada agradecido Irmão canta; porque elevaram a Arte até o Zenit, e repartiram por todas as nações a útil habilidade; e desde o formoso Templo, a cada nação e praça estrangeira, marcharam os artesões e ensinaram o Grande Projeto; do qual os reis, com seus poderosos pares e homens sábios, foram observadores.

VIII

A continuação do templo de Diana, construído na Ásia Menor; as orgulhosas muralhas da Babilônia, sede de Nabucodonosor; o Grande; o túmulo de Mansolo, o rei cario; e muitos edifícios de aprimorado estilo, na África e na grande Ásia; cantemos a Grécia, a Sicília e Roma que venceu essas nações.

IX

Cantemos, também, a Augusto o verdadeiro Mestre Geral, que por intermédio de Vitrúvio aprimorou e espalhou o grande projeto maçônico ao Norte e ao Oeste; até que os antigos bretães preferiram a Arte Real, por todas as partes, e revelaram a arquitetura romana até que a fúria guerreira dos saxões destruiu o trabalho de muitas épocas.

X

Por fim o estilo gótico prevaleceu na ilha britânica, quando os Maçons ressuscitaram seu grande projeto, e se esforçaram nas suas bem organizadas Lojas; ainda que não como antes nos dias de Roma. Cantai sem atrapalhos os templos dos saxões, dinamarqueses, escoceses, galeses, irlandeses; contudo cantai primeiro a Athestan e o príncipe Edwin, nosso mestre de muita influência.

XI

E também aos reis normandos canta o Maçom britânico: até que o estilo romano reviveu ali, e quando as coroas britânicas se reuniram sob o sábio James, um rei Maçom, que elevou grandes massas de pedra, graças a Inigo Jones, que rival do sábio Paládio, justamente, louvado na Itália e Grã-Bretanha, por sua arquitetura firme e autêntica.

XII

E depois em cada reinado obtiveram os Maçons, com os reis, os nobres e os sábios, cuja fama ressoa até aos céus, o direito, até a época presente, de reunirem-se em Loja, vestir os Aventais com habilidade e cuidado, para engrandecer o grande projeto maçônico, e reviver o projeto de Augusto em muitos e artísticos edifícios.

XIII

Desde então, todo mundo canta ao artesão e ao rei com poesia e doce música ressoando em completa harmonia; e com a Geometria nas mãos hábeis, tributam a merecida homenagem, imediatamente, ao nobre duque de Wharton, nosso Grão-Mestre, que dirige os filhos da Arte, nascidos livres por amor e amizade, mãos e coração.

Coro

Quem poderá repetir o louvor em doces cantos poéticos, ou em inconquistável prosa, dos verdadeiros Maçons, cuja arte transcende a visão comum?

Seus segredos não foram, até agora, jamais expostos aos estranhos, e serão preservados pelos Maçons livres, e somente revelados na antiga Loja; porque se guardam no Coração do Maçom, e pelos Irmãos da Arte Real.

Comentando esses dois cantos, feitos por Anderson, repetindo a sua História irreal das origens da Maçonaria até a época de 1722 ou 1723, demonstram não ter sido Anderson, pastor da Igreja Anglicana, um homem realmente culto e verdadeiro, porém um inventor de lendas, às quais pretendeu ser reais; pois as confirma por três vezes. Este comentário é para podermos afirmar que pelo espírito liberal e deísta da primeira constituição, no século XVIII, não seria dele, porquanto ficou evidente ser ele uma pessoa limitada pelas convenções religiosas existentes. Alguém usou a mão de gato para dar um tapinha nos estatutos da Maçonaria nascente. Seria Desagullier?

Não temos dados para afirmar ou negar, porém as características psicológicas de Desaguliers; homem culto, amigo de Isaac Newton, cientista, alegre, gostava de uma bebida e de cantar, parecem indicar ser dele a mão de gato.

Também poderemos inferir ter a "invencionice" e "achismos" maçônicos uma origem remota, tendo como principal criador de mentiras e baboseiras, um dos próprios progenitores da Maçonaria especulativa o Pastor Anderson, e o exemplo continua ser seguido até os finais de 1997, o que lhes dá uma falsa tradição de duzentos e setenta e quatro anos.

Para complementar a este trabalho reproduziremos o canto do companheiro e do Aprendiz iniciado.

A CANTIGA DO COMPANHEIRO

Pelo nosso Irmão Charles Delafaye.
Para ser cantada e representada na Grande festa.

I

Salve, Maçonaria, tu, Arte divina!
Glória da Terra, revelada pelo céu; que brilhas como pedras preciosas ocultas a todos, menos dos olhos Maçons.

Coro

Quem pode repetir devidamente teus louvores em prosa inquieta ou verso fluido?

II

Como os homens se distinguem dos brutos, um Maçom sobrepuja os demais homens, porque um conhecimento escolhido e raro habita em seu peito.

Coro

Seu peito silencioso e grande coração preserva o segredo da Arte.

III

Contra o calor ardente e o frio cortante; contra as feras que surgem nos bosques; contra os assaltos de ferozes guerreiros, a Arte do Maçom defende a humanidade.

Coro

Renda-se a honra devida à Arte da qual a humanidade recebe tal ajuda.

IV

Distinções de Estado que alimentam nosso orgulho;
Distinções perturbadoras e vaidosas, são rejeitadas pelos Maçons; os filhos da Arte, nascidos livres, menosprezam tais brinquedos.

Coro

Enobrecidos pelo nome que têm, distinguidos pelos emblemas que usam.

V

Doce companhia, livre da inveja; amiga no intercâmbio da fraternidade; seja a Loja um cimento perdurável que se mantém firmemente através das Idades.

Coro

Uma Loja, construída assim nas idades passadas
Tem perdurado e perdurará sempre.

VI

Faça-se justiça em nossas canções aqueles que enriqueceram a Arte, desde Jabal a Burlington, e leve uma parte a cada Irmão.

Coro

Que viva eternamente a saúde dos nobres Irmãos.
E ressoe seus louvores na alta Loja.

A CANTIGA DO APRENDIZ INICIADO

Por nosso finado Irmão o senhor Matthieu Birhead, para ser cantada quando todos os assuntos graves forem solucionados, com a permissão do Mestre.

I

Preparemo-nos, nós, Irmãos que estamos reunidos em alegre ocasião; bebamos, riamos e cantemos; pois nosso vinho dá-nos resistência, e aqui saudemos os Maçons aceitos.

II

O mundo se esforça em conhecer nossos segredos, porém deixemo-los admirar e contemplar, porque jamais poderão adivinhar a Palavra nem o Sinal de um Maçom livre e aceito.

III

Este e aquele não podem dizer: porque tantos grandes homens da nação, revestem seus Aventais para unirem-se com um livre e aceito Maçom.

IV

Grandes reis, duques e senhores depuseram suas espadas para honrar nossos mistérios e nunca se envergonharam de serem chamados de Maçom livre e aceito.

V

O orgulho da antigüidade temos ao nosso lado, e isto coloca os homens em seus lugares. Nada existe, senão o que é bom para entender um Maçom livre e aceito.

VI

Unamo-nos mãos com mãos; firmemo-nos uns sobre os outros; alegremo-nos e mostremos rostos brilhantes porque que mortal pode gabar-se de tão nobres brindes como um livre e aceito Maçom.

Termina:

Londres 17 de janeiro de 1723.

Na tenda trimestral (da Grande Loja) este livro, que foi feito por ordem de sua Graça, o duque de Montagu, nosso último Grão-Mestre, havendo sido em manuscrito pela Grande Loja, foi apresentado, impresso e aprovado pela Sociedade. Razão pela qual ordenamos que o mesmo seja publicado e recomendado para o uso das Lojas.

Felipe duque de Wharton, Grão-Mestre.
J. T. Desaguliers, Grão-Mestre Adjunto.

Encerrando com um resumo esta parte da Arte e Ciência Liberal da Música, podemos afirmar do caráter religioso, místico, e mítico da música, o que se perpetuou até o racionalismo e o deísmo da Maçonaria, e que os primitivos Maçons da Grande Loja de Londres deram a ela um destaque todo especial, pois Anderson, baseado na sua história fictícia da Ordem Maçônica, fez duas cantigas laudatórias da excelsitude dos Maçons.

Também podemos inferir que o hebraísmo dominante, ainda hoje, na Maçonaria, tem sua origem com as exposições de Anderson na chamada sua Constituição, quando teve a invencionice tão peculiar modernamente de alguns autores Maçons.

Finalmente o uso de músicas, em nossas atuais reuniões, tem sua justificativa nos usos e costumes das culturas arcaicas, referendado na Maçonaria teórica, com as cantigas inclusas na primeira Constituição da Grande Loja de Londres, dos Maçons livres e aceitos em 17 de janeiro de 1723.

2.2.9 – A Astronomia

Diante do inexplicável o homem criou lendas, mitos, fábulas e, também, uma ciência, mais para explicar suas criações mentais, do que a própria natureza agressiva e ao mesmo tempo benévola; pois se lhe proporcionava a fome, proporcionava-lhe o alimento; e assim deveria haver um princípio bom e um mau, aos quais ele chamou de espíritos ou deuses.

Da curiosidade humana guiada pela razão fez a primeira pergunta:

– *O universo que o cercava sempre existiu ou foi criado num dado momento?*

– *Quem o criou?*

– *Para que foi criado?*

Passando de coletor e caçador para o agricultor surgiram novas necessidades como: determinar o melhor momento para o plantio a fim de obter maior colheita.

Tinha que satisfazer aos deuses ou espíritos com dádivas, obrigações ou despachos, tendo por intermediários os sacerdotes dos vários cultos, sempre exigentes na cobrança de suas comissões dos deuses ou dos homens.

Essas almas estavam ligadas com as fases da Lua, com o caminhar do Sol no Céu, cuja trajetória traria em certas ocasiões as chuvas para a sementeira, ou as enchentes dos rios; pois tanto as civilizações da crescente fértil, como a egípcia desenvolveram-se às margens de grandes cursos d'água. Impunha-se uma primeira conclusão: esses astros eram deuses ou governados por eles, e assim nasceram os mitos da criação, cósmicos, agrários, mágicos e heróicos.

Vamos encontrar nas primeiras civilizações sumerianas e arcadianas, os grandes deuses de origem cósmica. Anu (rei do Céu), Enlil (rei da Terra), e Ea (rei do Oceano). Esses reis ou deuses primordiais criaram os astrais; cuja tarefa era atenderem aos homens através dos celebrantes intermediários, o Deus-Sol-Shamash, Súr – o Deus-Lua, Ichtar – o planeta Vênus – responsável pelos mitos mágicos, e Dumuzi – o deus agrário e também dos mortos e das ressurreições anuais. Então, exemplificando, as lendas poéticas sobre a criação dos deuses, originou os mitos cósmicos (Enlil), agrários (Dumuzi), mágicos (Ichtar) e heróicos (o ciclo de Gilgamesh, vencedor de monstros, como Herácles na Grécia ou Hércules em Roma).

Segundo Mircea Eliade (O Conhecimento Sagrado de todas as Eras): "Existe uma grande variedade de mitos cosmogônicos. Contudo podem ser classificados da seguinte maneira: 1. criação ex-nihilo (um Ser Supremo cria o mundo pelo pensamento, pela palavra, ou aquecendo-se no vapor dentro de uma choça, e assim por diante); 2. Tema do Mergulhador da Terra (um Deus envia pássaros aquáticos ou animais anfíbios, ou mergulha ele mesmo ao fundo do oceano primevo para ir buscar uma partícula de terra da qual o mundo inteiro se desenvolve); 3. criação através da divisão de uma unidade primordial em duas partes (três variações podem ser destinguidas: a) separação do céu e da Terra, isto é, dos Pais do Mundo; b) separação de uma massa original e amorfa, o "Caos"; c) a cisão do ovo cósmico em duas partes). 4. criação através do desmembramento de um Ser primordial, seja uma vítima voluntária, antropomórfica (Ymir da mitologia escandinava, o Védico Purusha dos indianos, o Pan-Ku dos chineses) ou um monstro aquático derrotado após uma batalha tremenda (Tiamat da Babilônia)".

A cosmogonia da Gênese pertence ao primeiro grupo da criação ex-nihilo, e vamos encontrar entre os povos primitivos existentes hoje, as outras formas criacionistas, enquanto cientificamente ou filosoficamente, teríamos duas teoréticas: a existência de um Universo eterno sem começo e nem fim e de um Universo criado num contínuo espaço tempo.

Do culto dos astros e de seu estudo surgiu a primitiva astrologia (suposta arte ou ciência de ler o futuro nos astros), mãe da astronomia.

Entre os sumerianos, apesar de sua influência sobre todo o mundo antigo, pouco sabemos sobre sua astronomia, a não ser o nome de algumas estrelas e o mito de Tiamat.

Poderíamos considerar os seus conhecimentos de astronomia precários, porém serviam para prever o início do ano, as cheias e as secas.

O calendário era lunar; eram faustos os períodos em que a Lua brilhava no céu, e nefastos os outros. Os meses eram 12, devidamente sagrados, e cada dia consagrado a uma divindade.

O ano tinha início no equinócio da primavera, os meses, a cada novo surgir da Lua. Os dias: 1, 7, 15, 21, e 28 eram os nossos domingos; dias dedicados às festas dos deuses. Cada cidade dava aos meses um nome diferente, segundo os usos locais. Ele (o ano) só tinha 354 dias, e quando era necessário intercalava-se um mês adicional, por ordem do rei sacerdote.

Devido as previsões exatas dos fenômenos naturais, os astrônomos sumérios resolveram fazer outras observações úteis; nascendo uma primitiva astrologia, porém pouco se desenvolveu, e foi retomada pelos babilônios, que a desenvolveram e transformaram-na numa pseudociência complicada.

Começa o predomínio da Babilônia, e a mais antiga tabuinha de aspecto astronômico vem de Nipur. Desse documento sai a noção de um universo com oito céus encaixados. Ainda, ele nos traz um firmamento dividido em três zonas de doze setores cada, e que a essas regiões estavam não apenas estrelas e as constelações, porém, também, com séries de números em progressão aritmética, sinalizando o uso da matemática, para permitir aos babilônios a descrição dos fenômenos cíclicos.

Dois outros textos: um astronômico e outro astrológico são encontrados nesse período. O texto astrológico informa se o céu está sombrio, o ano será ruim; se está brilhante, o ano será bom; e se antes da Lua nova, o vento soprar do Norte haverá colheitas abundantes. Quanto ao astronômico fornece uma lista de datas para as primeiras aparições e desaparecimento de Vênus durante vinte e um anos do reinado de Amisaduca (1646-1626 A.E.C.)

Uma pedra do século Xll ou Xlll – A.E.C. transmite a representação dos signos que margeavam a trajetória da Lua: Escorpião, Sagitário, Leão, Câncer, Auriga, Örion, Espiga, Perseu, Gêmeos ...

A subdivisão da eclíptica em doze signos iguais: Áries, Touro, Gêmeos, Câncer, Leão, Virgens, Libra, Escorpião, Sagitário, Capricórnio, Aquário e Peixes, data de uma época posterior.

Outro texto cuneiforme do século VIII A.E.C. diz: O Deus Enlil governa as trinta e três estrelas do céu, ao norte; o Deus Anu as vinte e três do lado do Equador; e o Deus Ea rege as estrelas do lado sul do Céu.

Vemos nesse texto a união dos Deuses aos astros; o que deve ter levado ao nascimento da Astrologia do alto dos zigurates, partindo das observações de que os fatos semelhantes repetiam-se quando certa constelação predominava no empíreo; e logo, com as anotações sobre as numerosas coincidências entre as constelações e os acontecimentos terrestres, principalmente, como doenças, recuperações, recaídas, partos difíceis e enfermidades de determinados órgãos e partes do corpo humano, os sacerdotes (Barus) estabeleceram as bases de uma astromancia ilimitada que pretendia determinar o destino e as condições de saúde por meio dos astros.

Aos olhos dos Barus, já existia naquele tempo uma relação entre o aparelho urogenital humano e o peixe-cobra, mais tarde capricórnio.

Tais noções perduraram, e perduram até hoje; e num quadro de 1480 vemos cada parte do corpo relacionada com um dos signos do zodíaco.

Da outra cultura mais velha que conhecemos: a egípcia; malgrado, o Abade T. Moreux (A Ciência Misteriosa dos Faraós) ter-lhe dado uma importância extraordinária ela foi relativamente pobre em astronomia. Também notamos na obra acima referida o relevo dado aos caldeus; considerado como o povo mais influente entre os da crescente fértil, aos quais, hoje, sabe-se que no século X (A.E.C.), localizaram-se nas margens do Golfo Pérsico, mas quatro séculos após foram assimilados pelos babilônicos.

Todavia, os astrônomos egípcios deixaram alguns conhecimentos à posteridade; destacando-se o ano egípcio com exatamente 365 dias, repartidos em doze meses de trinta dias aos quais se juntam mais cinco dias reagrupados no fim do ano. Os doze meses do ano egípcio têm os nomes conhecidos, e eram agrupados em três "estações" de quatro meses: de inundação, de germinação e da colheita. Entretanto há algumas controvérsias quanto a existência de dois calendários: um lunar para as festas religiosas e outro de 365 dias para o chamado ano civil; como fazem os hebreus até hoje.

Passando pela Grécia Clássica, onde a astronomia desenvolveu-se fundamentada nas observações dos sacerdotes egípcios e sobretudo babilônicos.

Pitágoras apresentou o primeiro sistema geométrico do mundo; partindo do princípio de que a irregularidade dos movimentos planetários, em relação ao movimento uniforme da abóbada celeste, explica-se admitindo que os planetas se movem com movimento uniforme próprio em círculos próprios, como se pertencessem às esferas independentes.

Filolau (400 A.E.C.) cria um ousado sistema cósmico. Em meio do Universo, está o fogo central, a "Divina Hestia", Lareira do Mundo, Trono de Zeus; pois só no centro pode residir a força que lhes liga as várias partes num organismo, o qual, por outro lado, é limitado por um círculo de fogo eterno, o Olimpo, onde os elementos se encontram em toda sua pureza.

No espaço entre o fogo central e o externo, acham-se as órbitas e as esferas dos corpos celestes: a mais longínqua é a esfera das estrelas fixas, depois vêm ordenadamente as dos cinco planetas, do Sol, da Lua, da Terra e enfim de um astro hipotético, a Antiterra; cujo objetivo era corresponder ao critério estético-místico de elevar a 10 (a Tetraktys) o número das esferas celestes. Depois de Filolau outros pitagóricos juntaram à Terra e à Antiterra, num único corpo esférico.

É fácil notar a mistura da tentativa racional, limitada pelas concepções místicas, porém necessárias ao espírito da época.

Aristarco de Samos, o Copérnico da antigüidade, no 1º século A.E.C. defendeu um sistema heliocêntrico, porém Claudio Ptolomeu, que fez suas observações em Alexandria, entre 127 e 151, contemporâneo de Galeno, é considerado um continuador atrasado do grande movimento helenístico; e já se vai perdendo a tradição científica para entrar, três séculos após, na Grande noite da alta Idade Média.

A astronomia de Ptolomeu está contida na Grande Composição matemática de treze livros, que, para distingui-la dos autores anteriores e dos sucessores, foi chamado em grego: a Máxima, donde o nome árabe do Almagest: "O Grandioso".

Esse sistema somente foi contestado por Copérnico e depois por Galileu, e Kepler, tendo o descobrimento da Gravitação Universal de Newton como importante fator na Ciência experimental nascente.

Nikolaus Koppernigh, nascido em 1473 e morto em 1543, foi sobretudo astrônomo, mas também médico.

Tudo indica ter sua atenção chamada para o heliocentrismo, por seu mestre, em Bolonha, de astronomia, e o valor de sua obra consiste no seguinte: a hipótese heliocêntrica cuja verificação pertence mais à física, do que a um simples jogo matemático. O critério de provar em que baseia é acima de tudo o princípio de simplicidade da natureza, enunciada por ele num primeiro esboço manuscrito de seu trabalho (Consentariolus). Todo o sistema dos ciclos e epiciclos de Ptolomeu, constitui algo complicado, o qual contradiz a simplicidade e a finalidade do Cosmo. O rei Afonso X, no século Xlll, já observava aos astrônomos que o Criador, se o houvesse consultado, teria feito as coisas mais simples. Dizia Copérnico: "a sagacidade da natureza, chega em geral ao seu fim com meios mais simples, fugindo às vias torturosas".

No seu livro "De revolutionibus orbium celestium" publicado no fim de sua vida, para evitar as restrições da Santa Inquisição, o autor mostra como a aparência dos movimentos do Sol, dos planetas, da Lua conciliam-se mais naturalmente com hipótese de um sistema heliocêntrico em que a Terra é animada, afora um movimento de rotação diurno, também de um movimento de translação anual em torno do Sol.

Duas lições tiramos dos ensinamentos de Copérnico: 1º para um observador colocado na Terra, o Sol nasce no Oriente e põe-se no Ocidente; e 2º o caminho da natureza é da simplicidade. Logo, para nós Maçons terrestres a circum-ambulação é feita no sentido do movimento do Sol para o nosso planeta: Oriente Ocidente passando pelo Sul, e não como querem alguns sábios inventores dos Supremos Conselhos do 33º Grau do R.·. E.·. A.·. A.·., no sentido inverso, passando primeiramente pelo Norte. Além disso, desde as épocas imemoráveis em todos os cultos sagrados, os giros eram feitos seguindo a marcha solar, como fazem até hoje os incultos praticantes dos Candomblés.

Quanto ao princípio da simplicidade, nós filhos da luz, complicamos a ritualística, a simbólica, a história, e a filosofia com as mais absurdas proposições feitas pela superficialidade e ignorância de nossos tratadistas.

É hora de voltarmos à realidade!

Outra personalidade exponencial emergindo das trevas medievais é Galileu Galilei. Nascido em Pisa (18/2/1564) estudou medicina na Universidade local, dedicando-se depois à filosofia, que compreendia então a física e a matemática. Aos dezenove anos, ao observar o movimento do lampadário da catedral de Pisa, descobriu o isocronismo das pequenas oscilações do pêndulo, comparando com as suas pulsações. Este isocronismo permitiu-lhe, posteriormente, um modo com certa precisão para a medida do tempo, necessária para suas experimentações; daí ele ser considerado um dos fundadores do método experimental.

Porém essa afirmativa vem sendo contestada por alguns historiadores das ciências, que afirmam terem as pesquisas de Galileu desempenhado um papel secundário: pois não haveria na época recursos técnicos para fazer experiências corretas. Outros historiadores repetiram as experiências e estudaram seus manuscritos inéditos, concluindo ter a sua reputação como fundador do método experimental sido real.

Citando Pierre Thuillier (De Arquimedes a Einstein): "Os não especialistas têm às vezes dificuldade em compreender o que está em jogo nessas discussões. E, contudo, do ponto de vista cultural e epistemológico, o que está em jogo não é uma questão desprezível: trata-se de uma determinada "imagem da Ciência", uma determinada maneira de interpretar o trabalho científico. Simplificando pode-se dizer que duas grandes tradições se enfrentam há vários séculos na cultura ocidental. Os "empiristas", de um lado, valorizam ao máximo a experiência como fonte de conhecimentos; os "racionalistas", do raciocínio puro". Estes conflitos são de ordem teórica, de ordem filosófica. Mas não são neutros no plano ideológico. Por trás deles é fácil identificar uma oposição muito antiga, que se reporta pelo menos aos gregos do século IV a.C.: ou seja, a oposição entre o trabalho manual e o trabalho intelectual, entre a prática e a teoria. O problema da experimentação tem, então, uma evidente dimensão simbólica. Assim se explica a violência de certas controvérsias a respeito deste que é em geral considerado como o pai e fundador da física moderna. Cada historiador ou cada epistemólogo insiste em que o caso Galileu ilustra e confirma a sua própria concepção de "ciência", de "razão" e de "experiência".

Ainda em 1971, dialogava-se sobre os resultados das colocações de Galileu: se eram frutos de uma elaboração matemática indutiva ou a dos dados da experiência. E, como sempre há as vedetes no imenso palco da vida procurando ofuscar aos demais atores, a fim de sobressaírem da mediocridade. Isso acontece até na Ordem Maçônica, onde a humildade e a simplicidade deveriam sobrepor-se à vaidade e à complexidade inútil.

Galileu, pelo menos, é considerado fundador do método experimental em astronomia pelo aperfeiçoamento do telescópio de reflexão, com o qual descobriu as quatro luas de Júpiter, em 1610 (Io, Ganimedes, Europa, Calixto). Também deduziu, corretamente, que o brilho da lua deve-se à reflexão da luz solar. Já idoso foi preso pela Inquisição (hoje Congregação para as doutrinas da fé) por apoiar a teoria de Copérnico de que o Sol (e não a Terra) é o centro do nosso Sistema Solar; o que lhe valeu um processo no Tribunal da Inquisição pelo crime de ter descoberto: as montanhas da Lua, as fases de Vênus, os quatro satélites de Júpiter, o anel de Saturno, e a infinidade de estrelas da Via Láctea. Estas descobertas (os satélites de Júpiter) chocavam a opinião dos escolásticos. "Não existem mais de sete metais, objetavam, o grande candelabro do Templo tinha sete braços, a cabeça tem sete aberturas, como poderia pois haver mais de sete planetas?"

Também despertou oposição as manchas solares, que contradizia a doutrina aristotélica da incorruptibilidade do céu e a perfeição dos corpos celestes. Cremoni, luminar dos peripatéticos e honra da Universidade de Pádua, recusava-se escandalizado a olhar no óculo, e o padre provincial dos jesuítas dizia ao padre Scheiner: "Meu filho passeou toda a noite vendo se havia manchas no Sol: não pode ser, asseguro-lhe que Aristóteles não as menciona".

Começaram os ataques dos jesuítas e dominicanos, que se tornaram mais ameaçadores em conseqüência de algumas cartas de Galileu;

sustentando os direitos da razão científica, e a inconveniência de recorrer à Bíblia em tais argumentos.

O ponto culminante foi em 1632, quando ele publicou: Discursos e demonstrações sobre duas novas ciências; onde três interlocutores, Sagrado, Salviati e Simplício, dialogam sobre os sistemas de Copérnico e de Ptolomeu, e como o Papa Urbano Vlll identifica-se com o ridículo Simplício, ele retira sua proteção a Galileu, cuja resultante final a 22/Vl/1633, o velho glorioso, após ter pedido piedade para os seus setenta anos, ajoelhado em camisa ante os juízes, na igreja dominicana de S. Maria sobre Minerva, ouviu sua sentença condenatória e teve de pronunciar a fórmula de abjuração que lhe fora imposta:

> *Eu Galileu Galilei... ajoelhado perante vós, Exmos. e Revmos. Cardeais, em toda a República Cristã contra a herética depravação, gerais Inquisidores; tendo ante os olhos os sacrossantos Evangelhos, que toco com as próprias mãos, juro que sempre acreditei, ainda creio e com a ajuda de Deus crerei para o futuro tudo o que sustenta, prega e ensina a Santa Católica e Apostólica Igreja. Mas porque por este Santo Ofício, por ter eu, depois de haver sido com preceito do mesmo juridicamente intimado a abandonar a falsa opinião de que o Sol seja o centro do mundo e que não se mova, e que a Terra não seja o Centro do mundo e que se mova, e a não poder sustentar, defender nem ensinar de qualquer modo, nem oralmente nem por escrito, a dita falsa doutrina, e depois de ser-me notificado que dita doutrina é contrária à Sagrada Escritura, escrito e impresso um livro no qual estudo a mesma doutrina já condenada e exponho razões com muita eficácia a favor dela, sem trazer nenhuma solução, fui julgado veementemente suspeito de heresia, isto é, de ter sustentado e acreditado que o Sol seja o centro do mundo e imóvel e a Terra não seja o centro e se mova.*
>
> *Portanto, querendo tirar da mente de V. Emas. e de todo fiel Cristão esta veemente suspeita, justamente de mim concebida, com coração sincero e fé não fingida abjuro, maldigo e detesto os supraditos erros e heresias ... e juro que no porvir não mais direi nem alegarei coisas tais que por elas se possa de mim ter semelhante suspeita; mas se conhecer algum herético ou que seja suspeito de heresia, denunciá-lo-ei a este Santo Ofício.*

Inventaram a lenda de que após o juramento ele teria dito: “eppus si muove”; famosas palavras encontradas em seu epitáfio, porém jamais proferidas por ele.

Calaram Galileu usando os métodos do Santo Ofício, os quais são revividos por todos os governos totalitários através de suas polícias, citando como último exemplo a soviética, cujo caráter inquisitorial do absoluto segredo prescrito ao acusado relativamente ao processo e até o fato dele estar sendo investigado; a ausência de advogados de defesa e a suposição da culpabilidade previa, a não ser que fique provado sua inocência; os métodos de pressão psicológica; a tortura física; as ameaças de injúrias até com familiares caso não denunciassem outros heréticos; e finalmente a morte sorrateira, sem as luzes das fogueiras dos "Autos de Fé".

Contudo os maiores adversários de Galileu foram: os aristotélicos das Universidades; a inércia do espírito humano e sua resistência à inovação, não pela massa ignorante, mas por profissionais de interesse investido na tradição e no monopólio da verdade.

A inovação constitui dupla ameaça às mediocridades acadêmicas: põe-lhes em perigo a autoridade oracular, e desperta o medo mais profundo do colapso possível de todo seu edifício intelectual laboriosamente construído.

Infelizmente, encontramos resquícios da intolerância medieval na Maçonaria Moderna, onde administradores e suas congregações para a defesa dos dogmas e preconceitos maçônicos, continuam a julgar, suspender e eliminar Maçons por terem idéias próprias contrárias ao ideário anacrônico, porém cômodos aos prepotentes donos da Ordem; cujos princípios seriam: humildade, tolerância, liberdade, igualdade, fraternidade e sobretudo desenvolver o amor às criaturas e ao Criador.

Enquanto Galileu aprofundava as razões dinâmicas da hipótese Copérnica, outro grande matemático, astrônomo e astrólogo conseguia realizar o sistema sob o aspecto geométrico descrevendo exatamente as órbitas elípticas dos planetas. Seu nome João Kepler.

Talvez na história da ciência não houvesse alguém cujas desditas e doenças perseguiram-no por toda a vida, e mesmo depois de morto, o cemitério onde tinha sido enterrado foi destruído devido a Guerra dos Trinta Anos, e seus ossos espalharam-se, restando o epitáfio que compôs para si próprio: "Os céus medi, e agora meço as sombras, minha alma ao céu esteve presa sempre, e agora preso à terra jaz meu corpo".

Pode-se considerar Kepler como o fundador da moderna astronomia, cujas três leis deviam em breve fundir-se com os princípios de Galileu da queda do graves, na síntese, da gravitação universal; que é obra de Newton.

Halley, astrônomo inglês, conclui que a terceira lei de Kepler traz como conseqüência uma força atrativa do Sol na razão inversa do quadrado da distância. Surgiu então uma longa discussão entre Halley e Hooke, e o grande arquiteto Wren. Esta questão já tinha sido resolvida por Newton; que passou a solução a Halley, o qual solicitou a publicação de suas descobertas, feitas em Propositiones de Moter (1684) e depois nos Principia Philosophie naturallis (1686).

Citei este fato porque Wren não deixa de ser Sir Chistopher Wren, malgrado ser-lhe dado por Anderson uma série de funções maçônicas que ele parece não ter tido, como o cargo de Grão-Mestre em 1665, seis anos antes de ter sido Iniciado Maçom.

Segundo Mackey, Wren foi o maior arquiteto da Inglaterra em sua época. Como tal foi nomeado Deputado de Inspetor Geral, sob a supervisão de Denham e inspetor geral após a morte deste. Wren foi, com efeito, Magister Operariu, denominação dos Maçons medievais, dadas aos Maçons do trabalho.

Após este parêntese para demonstrar não serem os Maçons antigos tão ignorantes como afirmam alguns escritores; mas deveriam ser homens de certa cultura pelo menos em Geometria e, talvez do quadrívio e do trívio.

Voltemos à astronomia e teçamos alguns comentários sobre o elaborador da Gravitação Universal: Isaac Newton, que aos 22 anos obteve o título de "fellow" (membro) da Universidade de Cambridge, tornando-se depois "Magister artium" (Mestre de arte) em 1667.

Os conceitos de Galileu, Kepler, Newton, posteriormente complementados pelas noções das geometrias não euclidianas, e da teoria da relatividade de Einstein, criaram a nova astronomia, onde tudo é movimento; tudo nasce e morre; tudo é infinito, e o homem possivelmente seria um peregrino das estrelas.

Sabemos através da espectroscopia que a composição química do Universo é a mesma, pelo menos até aonde a ciência pode chegar.

As teorias cosmogônicas e cosmológicas do século XVIII cederam lugar à do "bing-bang", ou seja, num dado instante formou-se um conglomerado de partículas energéticas no espaço que ao alcançarem uma temperatura de alguns bilhões de graus Celsius, explodiram, e assim nasceu o nosso Universo, num momento do passado e desde então vem se expandindo, como demonstram as pesquisas modernas sobre o chamado desvio para o vermelho, as radiações cósmicas e outras provas.

Diante das demonstrações científicas de um universo imenso, povoado por infinitas galáxias, por radiações eletromagnéticas, por atrações gravitacionais, por forças fortes e fracas nucleares, aonde colocaremos as infantis criações mitológicas dos antigos, inclusive o Gênesis bíblico e as crendices da astrologia?

O prof. Gleiser (A dança do universo) diz ter introduzido um novo misticismo, assim explicado por ele: "Misticismo Racional: Termo que introduzi para representar a inspiração, essencialmente religiosa, que tem um papel importante no processo criativo de muitos cientistas, tanto do passado como do presente. O misticismo racional deve ser distinto do misticismo puro, que defino como uma crença subjetiva sem uma base racional".

A pseudociência astrologia faz parte desse misticismo puro ou burro, ou talvez irracional.

Segundo a Lei da Gravitação Universal: "os objetos se atraem na razão direta de suas massas e na razão inversa dos quadrados da distância entre eles.

Quanto aos seres humanos, na prática, somente o Sol e a Lua são capazes de exercer sobre nós força gravitacional, maior do que os objetos familiares, os quais nos rodeiam. Esse fato tão simples é um, entre vários motivos da descrença da ciência na astrologia.

Recordamos a velha crença dos povos da crescente fértil, há dois ou três milênios antes da era cristã; que acreditavam terem o Sol e a Lua e os planetas (em especial Vênus) influência mágica na vida das pessoas e das coletividades. Misturando os astros aos deuses, criaram a mitologia para interpretar todos os fenômenos naturais. Logo surgiu a necessidade de um intérprete com poderes para negociar as carências humanas com os deuses; era o astrólogo.

Da necessidade de suas previsões serem mais perfeitas, ele precisava de bons dados astronômicos quanto a posição atual e futura dos astros, em seu caminhar pelas constelações zodiacais, surgindo com Ptolomeu um tratado completo sobre astrologia, e Tetrabiblos, no qual (citado por Gleiser) "representou os caminhos do astrólogo e do astrônomo como caminhos gêmeos na busca de um estado de tranqüilidade espiritual e intelectual superiores. Enquanto, para Ptolomeu, a astronomia tem valores morais, a astrologia, com seus poderes de previsão, acalma a alma através do conhecimento de acontecimentos futuros, como se eles estivessem ocorrendo no presente, e nos prepara para receber com calma e equilíbrio o inesperado".

Passando pelos gregos, chegou aos romanos, dos quais conhecemos inúmeros processos de adivinhação, havendo até uma legislação própria para os augures.

Durante a alta Idade Média, apesar da perseguição da Igreja Cristã a tudo aquilo que cheirasse paganismo ou magia, ela (astrologia) continuou a desempenhar o seu papel e ainda hoje ela continua, por ser tão fascinante como na Grécia Clássica.

Modernamente, segundo Carl Sagan (O Mundo Assombrado pelos Demônios), um cientista coloca um anúncio num jornal de Paris, oferecendo horóscopo grátis. Recebe cerca de 150 respostas, dando a hora, lugar de nascimento, e a data completa.

São enviados a todos os consulentes o mesmo horóscopo, junto com um questionário para verificar o grau de exatidão dele. Mais de 90% dos solicitantes respondem que se reconheciam nas características nele expressas. Entretanto o horóscopo pertencia a um "serial Killer" francês, ou seja, um assassino com muitas mortes semelhantes geralmente, um psicopata ou paranóico.

Em síntese vivemos um novo mundo e o primitivo quadrívio e trívio da escolástica está hoje bem diferente de 1717, e já, naquela época eles, os programas de ensino, se desdobravam em ciências da natureza, filosofia e teologia, que passaremos a estudar.

De um modo global a geometria euclidiana de um espaço tridimensional, ainda válida nos problemas terrestres, cedeu seu lugar para a de Riemam para a explicação de todo o universo. A aritmética dos números naturais chegou pelas necessidades humanas aos números complexos. A gramática das simples regras ortográficas e morfológicas, hoje, pelo estudo da lingüística transformou-se num instrumento de pesquisa histórica, antropológica e sofisticou-se na informática moderna, tendo como uma de suas ferramentas a lógica das proposições, afetando profundamente a retórica antiga, transformando a linguagem gongórica e figurada em simples juízos verdadeiros ou falsos. A Velha música homofônica e sagrada passou às sinfonias imortais dos grandes mestres. E finalmente, a velha astrologia empírica e irracional, malgrado continuar sendo tão popular hoje como nas eras de antanho, ela, cientificamente, cede o seu lugar à astronomia dos universos infinitos, talvez paralelos ou de matéria e antimatéria. O céu das estrelas fixas passou a ser das galáxias com um número infinito de astros, buracos negros, novas, supernovas, quasares, raios cósmicos, raios gama e outros corpos celestes ou formas energéticas, cujos instrumentos atuais procuram o bing-bang inicial e não a criação dos céus e da terra.

Tudo se modificou nestes trezentos anos de Maçonaria teórica, somente a própria Ordem Maçônica regrediu às formas de pensamento mais arcaicas, inclusive os símbolos astrológicos introduzidos indevidamente na ornamentação dos Templos Maçônicos, como parte de uma tradição ou uso e costumes que nunca existiu.

Capítulo III

As Ciências Naturais

3.1 – Introdução Histórica

Toda a nossa ciência, comparada com a realidade, é primitiva e infantil – e, no entanto, é a coisa mais preciosa que temos.
Albert Einstein

Sob o aspecto da ciência, e sua evolução, os povos de há cinco mil anos pouco fizeram, ou deixaram documentado. Dos sumérios temos a primeira Farmacopéia, mostrando que o médico sumério usava substâncias vegetais, animais e minerais. Entre os seus remédios vegetais destacamos: canafístula, o mirto, a assa-fétida, o tomilho, o salgueiro, a pereira, o pinheiro, a figueira e a tamareira. Com relação aos produtos animais usavam o leite, a pele da serpente e a concha da tartaruga. Como minerais tinham o cloreto de sódio (sal marinho) e o nitrato de potássio (salitre). Todos eram prescritos sob a forma de ungüento ou líquida para uso oral. Além disso há um manual do agricultor.

Passando rapidamente pela Grécia e Roma, porque, tirando Arquimedes, há noções esparsas de filosofia misturada à ciência. De interesse para a Maçonaria há a criação das associações de ofício por Numa Pompílio em 700 A.E.C.

Entramos na Idade Média onde realmente nasceu o método experimental, base da moderna ciência; culminando com os enciclopedistas que seguiam, com algumas modificações, a classificação de Francis Bacon, Lorde Chanceler da Inglaterra (1618). Neste cargo ele foi acusado de Corrupção (1621), e, logicamente, afastado do cargo. Ele escreveu a "Nova Atlântida", trabalho famoso, onde descreve uma utopia (estado ideal), no qual a experimentação científica seria ilimitada. Em sua obra "Novum Organum", expõe sua filosofia da ciência, de grande influência sobre o pensamento posterior: nela salienta a primazia dos fatos em relação à teorização e rejeita a especulação filosófica como cientificamente válida.

A sua obra influiu também na fundação, em 1622, de uma Sociedade Real, iniciada como uma "sociedade secreta" que se reunia para a experimentação científica.

Jean Theophile Desaguliers, tornou-se membro dessa "Royal Society" e teve um papel de primeira grandeza nos primeiros anos da Grande Loja, nos trabalhos preparatórios das Constituições de Anderson, e tudo indica ter ele acreditado ser mais eficaz para combater o ateísmo, opor-lhe a religião chamada de natural, do século XVIII ao invés da religião revelada.

Através de Desaguliers teríamos a Sociedade Real, como modelo para a neo-sociedade maçônica nascente. As evidências parecem existir pelo espírito demasiadamente aberto de nossos primitivos irmãos, numa época de grande intolerância, em contraste com as atuais proposições da Maçonaria mais próprias da Idade Média alta; a qual realmente, teve fim no século XVII. A filosofia medieval implicava em desinteresse pelo mundo exterior, enquanto o empirismo científico de Bacon trouxe ao homem o gosto pelo concreto e pela experiência, por isso ele é considerado por alguns como o Pai do método experimental do lado de Galileu.

Em "Novum Organum", especialmente, ele discute a origem das coisas e a natureza da matéria esboçando uma classificação das ciências segundo as três faculdades de entendimento: memória, imaginação e razão; que serviu de base aos enciclopedistas.

Para eles a memória compreenderia a História: Sagrada (profecias), eclesiástica, civil (antiga e moderna) e natural (desvios e usos de natureza).

A razão seria a filosofia, a qual dividir-se-ia em: Ontologia; a ciência de Deus (teologia natural e revelada, ciência dos espíritos benefícios e maléficos); ciência do homem (pneumatologia ou ciência da alma racional ou sensitiva), lógica e moral; e a ciência da natureza: matemática (pura, mista e física matemática) e física particular (zoologia, meteorologia, cosmologia, botânica, mineralogia, química e astronomia física e astrologia).

Sobre astrologia ela tinha dois ramos: a judiciária e a física.

Quanto à imaginação era a poesia: sagrada e profana.

Seguindo a Grécia clássica, onde as ciências naturais – physike – abrangiam todos os conhecimentos, conforme podemos observar, mantida pelos enciclopedistas e ainda continuada por Haeckel (maravilhas da vida – 1903) em sua classificação das ciências em teóricas e práticas

As teóricas seriam:

1 – Physica – Mecânica da massa e do ether.

2 – Chimica – Physica dos átomos e das suas combinações.

3 – Mathematica – Physica das grandezas abstratas (números e medidas).
4 – Astronomia – Physica do Universo.
5 – Geologia – Physica da terra (geografia, geogenia, mineralogia).
6 – Biologia – Physica dos organismos (no sentido lato).
7 – Anthropologia – Physica do homem (no sentido lato).
8 – Psychologia – Physica do Phronema.
Psychologia comparada.
9 – Linguistica – Physica, historia e philosophia da linguagem.
10 – Historia – História dos homens primitivos, história da civilização, história dos povos.

Como Ciências aplicadas (práticas) ele colocava: Medicina, Psychiatria, Hygiene, Technologia, Pedagogia, Ethica, Sociologia, Política, Direito e Theologia.

Mantivemos a ortografia da época e sobre phronema ele diz: "chamamos phronema a parte do cérebro cuja função propriamente dita é o pensamento.

Hoje, segundo Mário Bunge, as ciências são formais e fatuais e nesta última são tidas como naturais a física, a química, biologia e psicologia individual Wundt classificou as ciências em formais e reais, e nesta última ele coloca como naturais fenomenológicas: física, química e filosofia; como genéticas: cosmologia, geologia, embriologia e filogênese; e sistemáticas: mineralogia, zoologia e botânica.

Como pudemos notar com o desenvolvimento do conhecimento humano, houve a necessidade de especialização e da primitiva Física saíram todas as demais ciências modernas.

Portanto a Física foi a ciência da natureza até o século XIV, ou anteriormente (século XIII): medicina, passou a ser conceituada, a partir do século XVIII, como a ciência que investiga as propriedades da matéria, seus aspectos e níveis de organização, e as leis de seu movimento. Indiscutivelmente tal conceituação submetida a crítica moderna seria destruída, porém para nós é suficiente à nossa finalidade.

3.2 – A Física

Tanto a Física moderna como a Maçonaria especulativa nasceram no século XVIII. Isso não quer dizer que ela não existisse antes, houve um prelúdio: o período grego, depois o período astronômico (século XV e XVI), o qual alguns consideram como seu verdadeiro parto, após dois mil anos de gestação; entretanto surge o período mecânico onde despontam as primeiras anotações de Galileu sobre a mecânica dos corpos, e a figura exponencial de Isaac Newton (amigo de Desaguliers) com a Teoria da Gravitação; explicativa da queda dos corpos para a Terra, abolindo o aristotélico conceito de graves e leves.

Durante o século XIX, denominado de período clássico, há um excepcional desenvolvimento da Física baseado na Mecânica newtoniana usada na Termodinâmica, na eletricidade, magnetismo, acústica e ótica, desabrochando no século XX, no período revolucionário, malgrado os físicos da época anterior terem achado que a descrição física da natureza estava quase completa e era satisfatória.

Contudo os fenômenos atômicos e do espaço sideral levaram às transformações profundas e assim surgiram as novas mecânicas; porque a clássica Mecânica newtoniana não explicava as "anormalidades" apresentadas tanto no microcosmo como no macrocosmo, e novas pesquisas conduziram ao descobrimento das mecânicas: ondulatória e quântica.

Até 1905, apesar do aforismo de Augusto Comte: tudo é relativo, a ciência permaneceu singularmente absolutista:

1º – A distância entre dois pontos era um absoluto, e estava-se longe de pensar que dois pontos estivessem fixos ou em movimento em relação às pessoas que as determinavam;

2º – O tempo era um absoluto; pois que se tinha como certo que dois observadores o contavam de maneira idêntica, independente de qualquer movimento relativo.

3º – A regra da soma das velocidades era absoluta, de maneira que parecia razoável admitir que se pudesse, a pequenos espaços, realizar qualquer velocidade, por maior que fosse; e

4º – A massa era um absoluto, que era considerada invariável sob qualquer condição exterior.

Era um mundo então certinho: cientificamente, filosoficamente e religiosamente, porém no final do século XVII com a medida da velocidade da luz e com as dificuldades surgidas ao se dedicarem a desenvolver a mecânica e a ótica; cujo estudo da luz resplandecente dos corpos em movimento desencadeou a renovação das idéias tradicionais.

Nós simbolicamente usamos a estrela resplandecente, cuja luz é também mostrada ao companheiro sem maiores considerações, e às vezes erroneamente a letra G de seu interior é interpretada como God (Deus), Gnose, Gênio e outras baboseiras sem levar em consideração que ela simplesmente significa geometria, conforme o catecismo de 1730 (Prichard) que diz:

– Por que você foi feito um companheiro do Grêmio?

– Para conhecer a letra "G".

– O que ela significa?

– Geometria, ou a quinta ciência.

Depois esquecemos da luz e ficamos na sombra de nossa própria ignorância.

Estávamos neste nosso universo mais ou menos arranjadinho com algumas incoerências, quando surgiu Albert Einstein, cuja teoria da Relatividade espacial mudou as idéias sobre o espaço, o tempo e a natureza do universo. Em 1905, ele usou com sucesso a teoria quântica para explicar o efeito fotoelétrico, e, também, apresentou a teoria especial da relatividade, descrevendo os efeitos do movimento na forma de valores observados de comprimento, massa e tempo, cuja conseqüência é de que a massa é equivalente a energia ($E=mc^2$), sendo a base de cálculo da energia liberada nas reações nucleares. Ele expandiu suas idéias na teoria geral da relatividade, publicada em 1915; que é centrada na gravitação e nos efeitos do movimento acelerado. Seus últimos anos de vida passou tentando desenvolver uma grande teoria unificada: um único sistema matemático que incorporasse as leis da gravitação e do eletromagnetismo.

Pierre Thuillier (De Arquimedes a Einstein) refere-se ao pensamento de Einstein: "O verdadeiro homem de ciência é totalmente impregnado de um sentimento religioso cósmico". Trata-se, segundo ele, do terceiro grau da vida religiosa, sendo os dois primeiros, respectivamente, a religião animista e a religião moral. Sustento (...) que a religiosidade cósmica é a fonte mais forte e mais nobre da pesquisa científica. Só quem pode avaliar os esforços enormes e, sobretudo, o devotamento, sem o qual as criações científicas que abrem novos caminhos não poderiam ser realizadas; está em condições de apreciar a força do sentimento que, sozinho pôde dar nascimento a um trabalho, desligado da vida prática imediata, (...)

É o sentimento religioso cósmico que dá ao homem tais forças. Conselho a todos aqueles que se dizem positivistas ou realistas, isto é, aos que acreditam apenas nos "fatos", e repudiam todas as quimeras: "Em nossa época materialista, os trabalhadores científicos sérios são os únicos homens que se conservam profundamente religiosos". Tais afirmações são comuns em Einstein, às vezes tem-se mesmo a impressão de que ele acrescenta: "Não posso conceber um cientista autêntico que não tenha uma fé profunda. A situação pode se resumir em uma imagem: a ciência sem religião é manca, a religião sem ciência é cega".

Em conclusão: a Física é o estudo das propriedades e interações de matéria e energia; difere da química ao trabalhar menos com substâncias específicas e mais com a matéria em geral, embora existam áreas comuns na físico-química. Originalmente, a física era o estudo de toda a natureza, animada e inanimada; em outras palavras: o que hoje chamamos de ciência, era antigamente a filosofia natural. Somente nos séculos XVII e XVIII, a física passou a estudar a matéria inanimada e, depois, com o desenvolvimento em separado da química, a adquirir a abrangência que tem hoje. Newton foi o codificador da física clássica; cujas incoerências ao nível do infinito (micro ou macro) levou ao desenvolvimento das teorias quântica e da relatividade. Em nosso século, suas contribuições mais importantes foram as duas teorias, acima mencionadas, que levaram ao conhecimento sobre o universo em suas escalas menor (quarks) e maior (cosmologia e a teoria do "Big-Bang"). Dentre as principais conquistas tecnológicas advindas da pesquisa física estão a energia nuclear, o transistor, o chip de silício e o laser.

[illegible]

[illegible]

3.3 – A Química

Segundo Linus Pauling: a química é a ciência que estuda as substâncias, sua estrutura, propriedades e as reações que as transformam em outras substâncias.

Ela teve como precursora a alquimia, derivada do árabe: al-kimiya, derivando por sua vez do grego khrem, país negro, ou seja, o Egito antigo. Há também alguns que dizem ser do grego "kymeia" com o sentido de fusão e mistura ou, ainda, certa terra negra do Egito.

A alquimia a princípio, e até hoje, tem por finalidades principais transformar os metais em ouro, através da "pedra filosofal" e manter a imortalidade pelo "elixir de longa vida".

Quanto à primeira vamos transcrever uma receita do padre Teófito no século X: "Num buraco de pedra, com pouca luz, prendem-se uma galinha velha com um galo também velho. Os ovos resultantes deles se farão chocar por sapos, e deles sairão basiliscos (répteis) em forma de frangos com rabo de dragão. Depois de seis meses, queimam-se esses animais e as cinzas trituradas com um terço de sangue de um homem ruivo, e posteriormente dissolvida em vinagre forte. Derramando-se a mistura sobre os dois lados de uma placa de cobre, aquecida ao máximo. Operação feita repetidas vezes até o cobre tomar a cor e o peso de ouro.

Também, li em algum livro de ocultismo a receita para o rejuvenescimento. Depois de vinte um dias de jejum, o paciente toma uma poção, cujo efeito e a queda dos pêlos, dentes, descamação epitelial para após todo o indivíduo voltar à juventude.

Encontramos estas descrições e muitas outras nos tratados de ocultismo, e as pessoas que os manuseiam crêem nessas tolices e outras ali descritas.

Sabemos que os povos antigos cultivaram a alquimia, a qual foi trazida para a Europa pelos árabes, teve sua expansão durante a Idade Média. Porém Paracelso dizia: "Apenas os idiotas pensam que a alquimia é o conhecimento de como obter ouro. O objetivo da alquimia é procurar novos remédios". Mas entre esses remédios destacamos os pós das rãs e sua fabricação assim descrita: "colocar as rãs vivas em uma panela nova coberta e barrada, que não saia bafo algum; sendo levada ao fogo até as rãs estarem torradas; em seguida serão pulverizadas obtendo-se um pó com várias virtudes terapêuticas como soldar as veias rotas. Como veículo era usado o vinho ou o azeite, conforme sejam para uso interno ou externo. Tudo isso misturado com orações, e com "simpatias".

Possivelmente seja a alquimia o elo de união com todo o magismo medieval, incluindo astrólogos, cabalistas, Rosa-Cruzes, hermetistas e os magos de um modo geral; os quais para terem certa liberdade buscaram a filiação nos grêmios artesanais como as associações de ofício e introduziram nelas além do seu simbolismo, algumas práticas ritualísticas e conceitos filosóficos.

Assim na preparação da matéria, a escolha do reino mineral é recomendável do adepto pela fórmula: V.I.T.R.I.O.L. (visita as partes interiores da Terra, e, por retificação, tu encontrarás a Pedra oculta).

Depois os minerais eram colocados no athanor para o cozimento, onde a matéria tomava diversas cores universalmente consideradas:

– A cor negra (fase da putrefação);

– A cor branca (Ressurreição);

– A cor vermelha (Rubificação).

Cada uma dessas etapas do conjunto correspondia a um símbolo, a fim de se velar aos olhos profanos o estado de progressão da obra.

O Corvo para a "Obra em negro";

O Cisne para a "Obra em branco";

A Fênix para a "Obra em vermelho".

Encontramos a Fênix no simbolismo do Grau 33 do R∴ E∴ A∴ A∴.

Os cabiras, habitantes da ilha da Samotrácia, segundo a lenda, iniciaram: Jasão, os Argonautas, Pitágoras e Orfeu.

Conhecidos pelos alquimistas como "teurgos do fogo", e possivelmente fundadores da alquimia, trouxeram para as regiões mediterrâneas os primeiros rudimentos do trabalho do vidro, da fundição e da forja e daí serem os ferreiros os primeiros artesões a transmitirem os segredos do ofício.

Um escritor, do século passado, considerava como uma das origens da Maçonaria, os mistérios da Samotrácia, talvez, por estarem associados à arte sagrada do forjador e à iniciação, cujo elemento principal é a purificação pelo fogo.

A Igreja abandonou esse tipo de batismo pelo fogo, resultado dos cultos solares; entre os quais destacamos o do "Sol invictus", cultuado por Constantino; em benefício do batismo pela água, e para afastar essa prática pagã, aboliu definitivamente, ou quase, porquanto as velas votivas têm essa origem, e associou o fogo ao Inferno e à imagem de um Diabo de feira, cuspidor de fogo.

Dessas práticas do fogo secreto dos alquimistas é magnificamente resumida pela divisa INRI (Igne Natura Renovatur Integra): "A natureza é inteiramente renovada pelo fogo". Também INRI encontramos em Graus Maçônicos.

São dos primitivos alquimistas gregos os quatro elementos, formadores de toda a matéria: água, ar, terra e fogo; que alguns liturgistas transformaram nas provas da terra, do ar, da água e do fogo, quando de acordo com os rituais iniciativos mais primitivos seria as purificações pelo fogo e pela água, sendo desta última a origem do batismo cristão.

Nos laboratórios fantásticos, com fórmulas enigmáticas, metais e líquidos de cores variadas e odores mais estranhos, os alquimistas medievais pareciam ter firmado um pacto com o diabo. Por isso eles foram acusados de bruxaria, perseguidos, torturados e queimados nas fogueiras da Inquisição. No entanto, dessa paixão, muitas vezes paga com a própria vida, surgiu o espírito de pesquisa que caracteriza a ciência atual, o qual teve início com o método experimental de Galileu e com a Filosofia Experimental de Francis Bacon na Inglaterra.

Sir Francis Bacon é considerado por alguns de seus biógrafos como o fundador de uma "sociedade secreta" em 1622, a qual depois seria a "Royal Society" em 1660. Essa sociedade tinha por objetivo a pesquisa experimental, e há um relato descrevendo uma roda de senhores cientistas e pensadores em redor de um círculo de cinzas no solo, no meio da qual foi colocada uma aranha, pois era da tradição que as aranhas não atravessariam as cinzas; mas ela atravessou, e começaram a cair velhas crendices; atrás delas os privilégios da nobreza e do clero, os dogmas e a malfadada Santa Inquisição.

Caberia fazer-se uma análise mais profunda sobre as influências da "Royal Society" e a Grande Loja de Londres.

Como sabemos as primeiras Lojas reuniam-se em tabernas para discutirem seus assuntos, enquanto tomavam a refeição; e depois embalados pelos eflúvios dos destilados e dos fermentados cantavam canções e divertiam-se.

Também, apresentavam trabalhos, liam uma espécie de catecismo onde se incluía elementos de metafísica ocidental e simbólica.

Os Rituais celebrados entre os Irmãos eram muito simples e somente na recepção de um Neófito. Após a criação da Grande Loja é que apareceram alguns Rituais mais complexos e deu-se uma estrutura mais ligada às antigas práticas das confrarias. Pela cisão (A Grande Loja dos Antigos), onde predominou a influência de Lawrence Dermott, que segundo Mellor salvou as antigas tradições relegadas ao desuso pelos modernos; entretanto se analisarmos a legislação da G∴ L∴ de Londres, notamos ser ela malgrado presa do absolutismo da época, bastante avançada, e isso só pode ser pela influência de Desaguliers, amigo de Newton e membro da Real Sociedade; cujos conceitos devem ter influenciado a nova agremiação nascente. Dermott retrocedeu a Maçonaria aos conceitos medievais ultrapassados, os quais até hoje não nos libertamos e foram agravados pelos múltiplos achismos de toda classe de pensadores, principalmente esoteristas e religiosos.

Isso aconteceu na Inglaterra, no continente também perdeu-se a influência do racionalismo ao iluminismo para cair em práticas obsoletas e até certo ponto ridículas.

O experimentalismo introduzido nas ciências naturais foi destruindo as velhas teorias dogmáticas e no final do século apareceu a química, cuja palavra é derivada do francês: chimique, de chimie originária do latim medieval: chima, alchimia; durante o século XVIII.

Não vamos tratar de sua evolução histórica por ser muito extensa, porém de sua importância atual; de suas ligações com a física através da teoria atômica, da termodinâmica e astrofísica; de suas ligações com a Medicina por intermédio da química orgânica; de novas substâncias usadas em canalização, vasilhame, e uma infinidade de empregos.

Em sua evolução o homem procurou saber como são formadas as substâncias constituintes dos corpos físicos.

Já, entre os filósofos gregos havia duas correntes: uma que eles seriam formados por partículas indivisíveis, daí o nome de átomo; e a outra pelos elementos como a água, a terra, o fogo e o ar. Esta última teoria, aceita pela escolástica, foi transformada em dogmas de fé, e o seu último vestígio foi a teoria do flogístico morta e enterrada pelos experimentos dos químicos do século XVIII.

Sobrou a teoria atômica, como uma tentativa de explicar as propriedades químicas da matéria; cujo primeiro marco foi a obra de John Dalton em seu: "Novo Sistema de Filosofia Química".

Descoberto os chamados elementos radioativos, entre os quais o Radium e o Uranium, que se decompunham em núcleos de hélio, elétron e energia, abrindo um novo campo à nova especialidade científica: a Física nuclear.

Entretanto o átomo deixou de ser indivisível e passou a ser um conjunto de corpúsculos menores; que parecem ser resultantes da coagulação de uma forma de energia, ou da energia primeira: Deus?

Hoje falamos em partículas elementares, vocábulo anteriormente usado para qualquer uma das primitivas partículas como: próton, nêutron e o elétron, considerados os tijolos básicos do universo.

Mas com o desenvolvimento de aceleradores de partículas de alta energia, novos corpúsculos foram descobertos; nem todos elementares e a maioria de vida curta por, também, se decomporem. Acredita-se agora haver duas classes principais de partículas – os hádrons, feitos de várias combinações de "quarks" que interagem fortemente; e os leptons que interagem fracamente e incluem o elétron, o múon, e o tau, com seus neutrinos. Por sua vez os quarks são concebidos como subunidade básica dos nêutrons e prótons e sua teoria surgiu em 1964.

Para a química o elemento químico continua ser a substância mais simples que não pode ser decomposta por meios químicos; daí a Física nuclear, para o estudo dessas transformações atômicas; cuja evolução levou à fissão e à fusão nuclear.

Tudo começou numa casa em Paris, durante o ano 1896, com a experiência de Becquerel ao guardar numa gaveta um sal de urânio com uma chapa fotográfica; que foi impressionada por alguma coisa saída do sulfato duplo de urânio e potássio; concluindo o experimentado da existência de radiações do urânio capaz de atravessar corpos negros, lâminas metálicas e tornar os gases condutores de eletricidade.

Num porão da mesma Paris, o casal Curie isolou em 1898 o polônio, trezentas vezes mais ativo do que o urânio. Após a morte de Pierre Curie, atropelado por uma pesada carroça. Talvez o trânsito começando a enlouquecer tenha feito em 19 de abril de 1906, a sua mais ilustre e preciosa vítima.

Porém Maria continua a trabalhar e em 1910 e junto com Debievre isola o rádio metálico puro. No ano anterior seu auxiliar descobriu o actínio, também radioativo.

Becquerel guardou no bolso um vidrinho com uma substância radioativa e notou a formação de uma queimadura que demorou dois meses para sarar. Este acaso levou à pesquisa da ação destruidora da radioatividade (termo criado por Maria Curie) sobre as células do organismo, e foi notada a sua ação principalmente sobre células degeneradas, e, conseqüentemente, seu uso no tratamento de câncer. Dizem que o acaso é a ação de Deus, quando não quer assinar a Sua obra.

Observou-se que o urânio transformava-se em chumbo, bem como outros elementos radioativos; portanto, a própria natureza fazia a transmutação dos metais, somente dos mais preciosos aos menos valiosos, contrariando o sonho dos alquimistas, e mais tarde o sonho dos cientistas humanistas, transformou-se no pesadelo das armas nucleares cujo poder letal e destrutivo é calculado em função de toneladas de T.N.T. Uma explosão nuclear típica libera metade de sua energia como ondas de choque, um terço como calor, e o resto como radiações.

Justamente as radiações e a poeira radioativa com vida média variável irão causar ou lesões orgânicas e a impossibilidade de se ocupar o terreno por algumas dezenas de anos, ou um inverno prolongado levando à fome e à morte.

Infelizmente as primeiras experiências atômicas sobre as populações, Hiroshima e Nagasaki, cujos bombardeios por bombas de plutônio foi ordenado por um pedreiro livre: Harry Truman, que também iniciou a doutrina da Guerra fria, quando enunciou: "todos os povos livres que resistissem às tentativas de sujeição por minorias armadas ou pressões externas"; cuja conseqüência foi a liberação pelo Congresso Norte-americano de grandes somas em dólares e para armamentos aos países que se julgassem ameaçados pelo comunismo; e mesmo nós sentimos o efeito dessa doutrina com a revolução de 1964, tendo como objetivo salvaguardar o país do avanço da esquerda escravizante, transmutou-se numa ditadura militarista, abolindo as liberdades dos brasileiros. O mesmo aconteceu em outros países.

Durante a Guerra fria quantas vezes, talvez, estivemos próximos à catástrofe nuclear, mas o exemplo japonês, os riscos de todos os derrotados: vencedores e vencidos, impediu o desastre final.

Narra Carl Sagan que num encontro entre Truman e Oppenheirner, diretor do projeto de elaboração da bomba atômica em Los Alamos, comentou estarem os cientistas com as mãos ensangüentadas; eles agora conheciam o pecado. Opondo-se ao projeto da bomba de hidrogênio, ele (Oppenheirner) foi afastado das pesquisas nucleares secretas em 1952, por risco da segurança.

Por outro lado Edward Teller, recrutado para trabalhar em Los Alamos, recusou-se, porque desejava trabalhar numa arma mais destrutiva, a bomba de fusão, termonuclear, ou de hidrogênio, cuja diferença é de existir um limite prático destrutivo da bomba atômica. Não existe tal coisa para a bomba de hidrogênio, que tem como detonador uma bomba atômica.

Teller com seu testemunho crítico a Oppenheirner, na Comissão de Energia Atômica dos Estados Unidos da América, questionando-o em sua lealdade ao país, conseguiu afastá-lo da presidência da Comissão, abrindo caminho para a construção da Bomba de Hidrogênio, juntamente com o matemático Stanilas Ulam e o físico Hans Bethe, detonando a primeira em 1952; tendo a União Soviética feito a primeira experiência com sucesso um ano após, tendo como responsável Andrei Sakharov.

De 1983 a 1990 os cientistas concluíram que o uso das Bombas de Hidrogênio e atômicas levaria ao inverno nuclear, em escala global; ou seja, a fumaça e a poeira resultante das explosões; formariam uma nuvem sobre a Terra, impedindo que a luz solar chegasse ao solo; e conseqüentemente a morte das plantas, quebrando o ciclo biológico e extinguindo-o.

Essa divergência de idéias dos pacifistas em relação aos belicistas, é conhecida como a luta entre as pombas e os falcões, e teve como desdobramento o projeto de Guerra nas Estrelas, oferecido por Teller ao Governo Reagan; o qual parece ter acreditado na possibilidade de construir e pôr em órbita um laser compacto de raio x, impulsionado por uma Bomba de Hidrogênio que destruiria dez mil ogivas soviéticas em pleno vôo. Esse projeto foi repudiado por mais de dez mil cientistas e engenheiros norte-americanos que se comprometeram publicamente a não trabalhar e nem receber qualquer dinheiro do programa Guerra nas Estrelas.

Estivemos muito próximos de uma catástrofe geral ocasionada pelo progresso das ciências; que ao mesmo tempo despertou o humanismo dos cientistas criando uma nova Ética.

Indiscutivelmente, é de senso comum ter sido a Bomba de Hidrogênio a arma mais terrível já inventada, e cuja história demonstra ser a racionalidade humana governada pela irracionalidade.

Se a física nuclear levou a esse impasse, as pesquisas no campo da química orgânica ou bioquímica, levaram a descoberta de milhares de substâncias de alto e preciso poder terapêutico. É um grande arsenal de produtos contra a morte e a dor humana, os quais devem ser usados com a precaução necessária.

Primitivamente as substâncias orgânicas eram feitas pela ação de um fluido vital, mas em 1828, Wolher, servindo-se de dois compostos inorgânicos, conseguiu fabricar a uréia, substância encontrada na urina de animais. Isto fez cair por terra a teoria do "vir vitalis", ainda tão a gosto dos ocultistas e vitalistas modernos para explicar um esoterismo chulo.

Abriu-se a porta para o progresso da bioquímica, e do estudo do chá de carvalho (casca), usado para dores e febres, isolou-se um princípio ativo, a aloina, da qual se extraiu o ácido salicílico, demasiadamente tóxico e agressivo para a mucosa estomacal; que acetilado em laboratório, deu o ácido acetil-salicílico, a nossa prosaica aspirina.

Grande parte das drogas modernas foi extraída de vegetais e minerais, e depois sintetizadas em laboratório. Hoje não mais é necessário tomar-se alguns litros do chá das nove ervas, para insuficiência cardíaca; pois um ou mais miligrama de uma derivado do esporão de centeio, feito sinteticamente, é suficiente. Entretanto vemos a volta ao empirismo primitivo terapêutico com as chamadas: "Medicinas Alternativas", cuja eficácia não pode ser realmente comprovada cientificamente.

A química abriu caminho para os mais variados produtos como: os plásticos, usados inclusive em fibras têxteis; tintas, adubos, desinfetantes... e poder-se-ia dizer que somos escravos destas descobertas científicas, causando uma imensa transformação em nosso modo de viver, exceto a Maçonaria que continua antes de 1717.

Longe de nós em escrever um tratado histórico sobre a ciência e sua evolução; simplesmente queremos demonstrar a evolução das idéias do século XVIII ao XX, e uma futurologia para o XXI, no qual não haverá lugar para certas crendices como ter uma hora, uma conjunção de astros, um mantran para a realização de uma transformação alquímica, basta termos as condições técnicas laboratoriais para obtermos milhares de substâncias, e não, somente, o ouro potável, a prata, o mercúrio, enxofre, sal e mais alguns elementos.

3.4 – A Biologia

Portanto, façamos uma rápida análise da biologia em nossa época.

Biologia do grego Bios – vida e logos – estudo ou tratado. Biologia, derivado do francês biologie; que por sua vez vem do alemão biologie, criado em 1802, mas começou a ser empregado em 1839.

Porém, os conhecimentos pertencentes à biologia de hoje eram estudados em História Natural, e desde aquelas épocas mais remotas havia as teorias sobre a origem da vida, funcionamento dos seres vivos, reprodução e a semelhança entre ascendentes e descendentes; gerando várias interpretações filosóficas.

Sobre biogênese (origem da vida) a antiguidade clássica considerava a abiogenese, ou seja, a geração equívoca ou pseudo-geração, também mais conhecida por geração espontânea.

Ovídio, em suas metamorfoses, narra que após o dilúvio, Decalião e Pena jogaram pedras sobre o solo as quais se transformaram em homens, enquanto que da própria terra surgiam animais diversos.

Virgílio, em Geórgicas, descreve o nascimento de abelhas das entranhas de um touro abandonado à putrefação, depois de ter sido abatido com certo ritual.

Aristóteles foi o primeiro verdadeiro biologista, por observar minuciosamente a natureza, e descobrir numerosos modos de geração desconhecidos.

Durante o período romano, bem como medieval, não houve pesquisa científica, e não é possível censurar as proposições dos sábios da Renascença, como Ambroise Paré (1517 - 1590), narrou a geração espontânea de sapos em meio de uma substância úmida das pedras.

Ainda no século XVII, Van Helmont, maior fisiologista da época, prescrevia uma série de receitas de biogênese; sendo o mais célebre para obter ratos: "enche-se de fermento um vaso que se fecha com uma camisa suja, de preferência de mulher, um fermento vindo da camisa, transformado pelo odor dos grãos, transforma em ratos o próprio trigo".

De um modo geral as hipóteses mais antigas sobre geração espontânea referem-se à formação de organismos inferiores na parte em decomposição de organismos superiores (necrobiose). Idéia corrente na antigüidade que os seres vivos podiam provir de restos mortos, por exemplo: as pulgas do estrume podre, os piolhos das pústulas, as traças das peles estragadas ... Estas crendices passaram de Aristóteles para Santo Agostinho e outros Santos Padres e mantiveram-se como crença até o século XVIII, quando Francisco Redi (1674), mostrando que todo animal provém de outro e pressentia as descobertas futuras quando escrevia:

> *Eu me sentia disposto a crer que a terra, desde as primeiras plantas e os primeiros animais que produziu, nos primeiros dias do mundo, sob o comando do Criador soberano e todo poderoso, jamais produziu por ela mesma nem erva, nem árvore, nem animal qualquer perfeito ou imperfeito, e que tudo isto que, nos tempos passados, nasceu, e que agora nasce nela ou dela, provém da verdadeira e real semente das plantas ou dos animais que, por meio de seu próprio esperma, conserva sua espécie.*

Contrariando a dogmática existente, o destino de Redi foi a purificação pelas fogueiras da Santa Inquisição. Sua pena somente foi modificada pelo Papa Paulo VI, mudando o nome e os métodos do Santo Ofício para a proteção da fé católica, e para o exame de livros e sua inclusão eventual no Índex. Estas decisões foram conhecidas em 5 de dezembro de 1965, na véspera do encerramento do Vaticano II, surgindo a Congregação Doutrina da Fé, diferente em doze pontos dos antigos estatutos, entre os quais destacamos: de futuros os processos já não serão mais secretos e os escritores incriminados terão possibilidade de se defenderem; os julgamentos dos erros contra a fé seguirão as normas dos processos ordinários; e os consultores serão escolhidos em todas as partes do mundo e poderão receber a ajuda de peritos.

As controvérsias vieram até o início do século XIX, quando então Pasteur demonstrou, através de experimentos irrefutáveis, a não existência da Geração espontânea.

Entretanto a origem da vida na Terra continuou a ser motivo de várias teorias como a dos cosmozoários e da panspermia cósmica. E hoje várias experiências laboratoriais, nas quais se procura estabelecer as condições existentes no planeta em sua fase final de resfriamento, obtiveram alguns aminoácidos como: alfa-alanina, beta-alanina, glicínia, num total de nove, que constituem a base da vida organizada.

Em 1859, Charles Darwin editou a sua, hoje, denominada: Das Origens das Espécies. Contudo, anteriormente a Darwin, Lamarck em 1809 (A filosofia zoológica) afirmava que a função faz o órgão, e, assim, traria modificações que seriam transmitidas às descendentes; que, justamente, com as proposições de Darwin, constituíram a base da teoria transformista.

O transformismo é a teoria segundo a qual as espécies vivas não são fixas e distintas, mas variáveis e suscetíveis de se transformarem umas nas outras. A teoria transformista explica que as formas vivas derivam umas das outras, opondo-se à antiga teoria fixista, que segundo Linneu (1738): "Há tantas espécies quantas o Ser infinito produziu na origem das diversas formas. O semelhante engendra o semelhante, indefinidamente. As espécies não poderiam derivar umas das outras".

Era, o fixismo, a teoria da Bíblia, porém as descobertas arqueológicas foram demonstrando as diversidades dos seres em suas transformações e extinções através dos ciclos da Terra. A anatomia comparada mostrou a semelhança entre o braço humano e a asa dos pássaros; destes para os membros dos répteis; e a semelhança com as barbatanas dos próprios peixes.

Todavia malgrado as similitudes também trazidas pela embriologia nascente, continuavam as polêmicas sobre os mecanismos da evolução, pois as leis da genética iniciadas com experimentos do frade agostiniano boêmio, Gregorio Mendel, adversário das doutrinas evolucionistas, foram feitas seis a sete anos após a publicação do livro de Darwin, e passaram muito tempo despercebidas, até que Correns, Tschermack e Hugo De Vries a redescobriram no começo do século XX.

Havia no início do atual século a teoria transformista tendo por base:

1 – a lei de adaptação ou lei do uso e desuso; e

2 – a lei da hereditariedade.

Explicando, a adaptação é conseqüente ao uso ou falta de uso de um órgão. O uso desenvolve-o e o desuso leva-o à atrofia.

A segunda lei é por todos nós hoje conhecida, porém incluía as modificações adquiridas pelos indivíduos e seriam transmitidas aos seus descendentes.

Darwin escreveu depois de Lamarck e sofreu a influência das doutrinas de Malthus; que os seres vivos reproduzem-se mais rápido do que os meios de subsistência ao dispor deles; portanto instala-se, na própria natureza, uma ferrenha luta pela vida. Mas os seres vivos de uma espécie em particular não são absolutamente semelhantes entre si. Apresentam pequenas variações individuais, as quais, apesar de serem fortuitas, podem facilitar a vida deles em sua adaptação ao meio; são os únicos a subsistir; ao passo que os maldotados são extintos: tal é a seleção natural, pedra angular do Darwinismo. Modernamente, os biologistas opuseram a Lamarck, os resultados da experimentação, de que a hereditariedade dos caracteres adquiridos não é observada, como também, é estritamente impossível, porquanto todos os organismos pluricelulares têm dois tipos de células: as que constituem seu corpo individual; as somáticas e as reprodutoras: as germinativas. Os aspectos somáticos de um ser vivo são resultantes de sua linhagem germinal, e não conservam qualquer vestígio das modificações adquiridas. Eles são transmitidos pelos genes dos cromossomos das células germinativas.

Isto parecia invalidar a teoria da evolução das espécies, apesar dos achados arqueológicos e de anatomia comparada; contudo, em 1886, Hugo de Vries observou certas modificações bruscas que sofrem os animais em seu patrimônio genético, num dado momento: as mutações. O aparecimento de canários amarelos a partir de canários verdes no século XVII é atualmente interpretado como u'a mutação. Conseguiu-se obter mutações experimentais pela ação da radioatividade, do calor e por agentes químicos.

Entre todas as teorias da origem da vida atual a mais científica pela evidência dos fatos examinados é a evolucionista, mesmo sofrendo uma série de críticas dos opositores; obrigando-nos a uma nova visão do Universo com conseqüências filosóficas e teológicas.

Inicialmente estudada por Mendel a hereditariedade adquiriu na biologia moderna uma importância praticamente ilimitada através dos trabalhos de biotecnologia e de engenharia genética, resultantes das pesquisas de físicos, químicos, astrofísicos, tendo por objetivo o controle das doenças produzidas por vírus (AIDS), do câncer e das degenerativas de um modo geral. É a nova Biologia; pois trata-se de um novo ramo da velha disciplina, e relaciona-se estreitamente com os fenômenos moleculares da vida.

Sabe-se, hodiernamente, que a composição tanto dos vegetais como dos animais é formada pelos mesmos elementos químicos, predominando o oxigênio, carbono e o hidrogênio com aproximadamente 92% nos animais e 98% nos vegetais. O total é completado por nitrogênio, cálcio, enxofre, fósforo, sódio, potássio, cloro, magnésio, ferro, silício, zinco, cobre, estanho, bromo, manganês, iodo e traços mínimos de outras substâncias simples. A diferença está na organização das moléculas.

Lentamente vai-se descobrindo um dos maiores mistérios da Natureza; que é o modo pelo qual dezenas de milhares de compostos químicos, formadores dos seres vivos, trabalham harmonicamente para fazê-lo, pela alimentação, crescer e se reproduzir.

Sabe-se que cada célula individualmente contém um programa com instruções pormenorizadas sobre as substâncias a serem produzidas para alimentar-se, reproduzir-se e incorporar-se ao sistema organizado de sua espécie; em resumo: de que modo se tornará parte, das qualidades específicas, de um organismo vivo.

Esse formulário é o material genético, possuidor do extraordinário poder de produzir cópias de si mesmo, e transmiti-las às gerações seguintes. Assim, os seres vivos legam a seus descendentes instruções sobre como viver.

Malgrado à complexidade dos seres vivos, eles são resultantes dos genes, reunidos nos cromossomos, dentro do núcleo celular. Estes genes têm uma composição muito simples; pois a molécula que determina a hereditariedade se chama DNA, ou ADN, ácido desoxirribonucléico, e tem a forma de uma dupla hélice; a qual é formada por duas colunas verticais de nucleotídeos, compostos por fósforo e açúcares, que fazem a parte lateral de uma escada; cujos degraus são feitos pela união de pares de substâncias nomeadas de: adenina (A), timina (T), guanina (G) e citosina (C); as quais formam quatro pares possíveis do degrau: AT, TA, GC, CG e todas as combinações existentes nos seres vivos são resultado destes quatro arranjos, cujas posições nos degraus dará a programação de vida para todos os viventes.

Atualmente os cientistas encaram o gene, como um segmento específico de certa molécula mais longa, o DNA; cuja variação quantitativa e qualitativa é responsável pelas múltiplas facetas das espécies naturais.

Os homens possuem cerca de 100.000 genes reunidos em 46 cromossomos (23 pares). O número de cromossomos dá a especificidade do animal ou planta; pois enquanto o mosquito tem 6, os peixinhos dourados têm 94.

Nos processos reprodutivos a dupla hélice materna e paterna, divide-se em duas metades da escada, que no ato da fertilização se unem para formar o código genético do novo ser. Hoje esta fertilização pode ser feita fora do corpo da mãe, in vitro (dentro de um tubo de ensaio de vidro) e depois colocada no útero materno ou emprestado por alguém do sexo feminino: a mãe de aluguel; o que está criando problemas éticos e legais.

Também a engenharia genética, usando a técnica de fazer um corte numa molécula de DNA, liberando as diversas substâncias da "escada"; que podem se recombinar novamente em genes iguais ou diferentes.

Exemplo: o gene da insulina humana pode ser inserido numa bactéria, a qual passa a produzir insulina mais barata e em maior quantidade do que a extraída dos pâncreas de porcos. O intérferon, droga usada no combate ao câncer, é produzido pela mesma técnica, abrindo novas perspectivas para os remédios a serem produzidos por engenharia genética.

Outra alternativa é inserir um gene no óvulo de uma planta ou de um animal para a produção de rebentos geneticamente alterados; criando plantas resistentes à geada, porcos que engordam mais depressa com mais carne e menos gordura.

Hoje, esse campo da biologia molecular apresenta probabilidades imensas no setor de bioengenharia; cuja tecnologia de manipulação genética é feita por um conjunto de conhecimentos: físicos, químicos e biológicos; que reformam, reconstituem, reproduzem e até criam seres vivos.

Todo esse acervo técnico-científico é recente, porquanto em 1978 tivemos o primeiro "bebê" de proveta; em 1993 foi anunciada a clonagem de embriões humanos; em 1996 foram criada Megan e Morgan – ovelhas clonadas pelo método tradicional - e, em 1997, Dolly, obtida em junho de 1996 por uma técnica de clonagem de última geração. Nesse mesmo ano houve nos EUA, o nascimento de dois macacos pela clonagem tradicional; que é uma biotecnologia através da qual um único óvulo fecundado pode se dividir, dando origem a gêmeos univitelinos, enquanto a clonagem tipo Dolly, de última geração, usa uma célula somática.

Tecnicamente é possível obter um ser humano, utilizando-se os mesmos procedimentos adotados para uma Dolly, e isso cria naturalmente novas concepções no campo da filosofia, da religião e sobretudo da Ética.

Quanto à doutrina evolucionista a moderna "arqueologia molecular" que vem demonstrando origens dos povos e sua miscegenações, dando novas interpretações às migrações dos povos, suas origens e às mutações realizadas. Exemplificando: havia a hipótese mais aceita que as populações primitivas da América tinham emigrado da Sibéria, através do Estreito de Behring, há 11 mil anos; porém por intermédio do DNA mostrou ser resultado de uma leva única, provavelmente há 30 mil anos, e devido a semelhança genética entre maias mexicanos e os chineses, indicando terem esses povos um acervo genético comum.

Poderíamos estender-nos com inúmeras considerações, mas o objetivo deste trabalho é demonstrar a grande evolução da nova ciência: a biologia criando uma ruptura entre o pensamento científico de 1717 e o moderno.

Nada é estático e citando a evolução no processo de hominização teríamos os hominídeos primitivos: Kenyapithecus (africanos e wicherii) e Ramapithecus pujabicus; fase pré-humana, o Australopithecus africanus; fase humana primitiva, o Homo habilis; fase humana, Homo erectus; e o homem moderno com duas espécies: Homo sapiens neanderthalersis (extinto) e Homo sapiens. Todos, bem como os primatas de um modo geral originários de um lemuriano africano, como mostra o estudo do DNA nas populações de todas as cores possíveis.

A diferenciação em oito milhões de anos, mais ou menos, deu-se pelo aumento do cérebro, variando em números aproximados de 500 cm^3 até 1.500 cm^3; o bipedalismo; a oposição do polegar aos outros dedos da mão; e a presença do queixo; cujas transformações por prováveis mutações, fez sobreviver os mais aptos na luta pela vida.

Diante de todo este enorme conjunto de nossos conhecimentos, como ficaria o Gênesis bíblico? Os mitos raciais? O espírito seria criado no momento da concepção ou seria evolutivo do elétron ao homem?

Mesmo a religiosidade de Einstein: "Deus não joga dados com o mundo", torna-se falsa; pois as mutações e a seleção natural não têm um objetivo definido e são eventuais, criando novas proposições entre o determinismo e o livre-arbítrio, teísmo e deísmo; de um modo geral mudando completamente as crenças antigas e medievais.

Para nós Maçons fica a lição: evoluir, adaptar-se ao mundo atual e ao do futuro. Sobreviver ou morrer.

Também, todo esse acúmulo de conhecimentos de física, química e biologia trouxe progressos extraordinários à Medicina; do diagnóstico, à terapêutica e ao prognóstico.

3.5 – A Medicina

Palpar, auscultar, percutir, cheirar, cedeu lugar às técnicas de análise bioquímica, de radiologia, de ecografias, tomografias de vários tipos, ressonância magnética, cintilografias e toda uma série de processos sofisticados e válidos para agora; contudo a cada dia surgem novas práticas para determinar as patologias dos seres vivos. Há tanta quantidade de exames complementares, que o clínico, o médico da família, cede o seu lugar aos especialistas, perdendo a Medicina o seu grande valor humano e até a prosaica anamnese perdeu o seu valor comunicativo; pois nos serviços assistenciais às vezes o facultativo nem olha para o paciente, necessitado da compreensão de alguém para as suas carências sociais.

O pior é a mudança do perfil das doenças. O antigo doente neurovegetativo hoje é o portador de transtornos depressivos e ansiosos, que chega ao consultório psiquiátrico com uma sacola de bom tamanho, estufada com toda a sorte de exames, entretanto o seu médico diz que ele não tem nada e precisa reagir à tristeza, ao desânimo e à angústia.

Raramente é o profissional de saúde que o envia ao especialista. Quase sempre é um parente, amigo ou compadre que envia. Outras vezes o médico faz o diagnóstico correto, porém não sabe usar a terapêutica apropriada; porque, hoje, os progressos da indústria farmacêutica põem para o uso dos profissionais um potente e perigoso arsenal de medicamentos, que somente o especializado é capaz de manuseá-lo em proporções certas e indicações precisas.

Diante desta complexidade de procedimentos médicos, ainda existem os saudosistas; cuja saudade de um passado romântico, querem voltar ao velho clínico da família, esquecendo ser o presente de agora, o passado e o futuro no instante seguinte. Ninguém retorna à roca de fiar, quando temos teares de todos os tipos para múltiplos usos. O passado é útil para embasar o presente e projetá-lo para o futuro, evitando os erros culturais humanos de outras épocas.

Quanto à terapêutica já demos um rápido bosquejo, todavia poderíamos dividi-la em dois períodos: antes e depois de penicilina.

Lembro-me nos anos quarenta quando a descoberta, por nosso irmão Alexandre Fleming, dos efeitos de um fungo: Penicilliun notatum, na inibição do crescimento das culturas bacterianas; era um pó amarelado no fundo de um frasco de vidro que tinha de ser mantido refrigerado e como as antigas boticas não tinha refrigeradores (objetos raros) o pozinho milagroso era guardado em botecos. Os cidadãos faziam romaria para conhecerem a substância milagrosa e não sei como não se criou uma seita de adoradores da penicilina como os do Yasha (Saint Daime); pois as infecções bacterianas pulmonares, principalmente a pneumonia, eram curadas após a aplicação de dez injeções com 10.000 U.I da nova panacéia médica; porém a febre tifóide continuava, como anteriormente a pneumonia, a ceifar vidas ou a inutilizar pessoas por dois a três meses, até surgir os antibióticos de segunda geração. O primeiro foi a aureomicina e depois o clorofenicol e as bactérias começaram a perder a batalha da morte, e hoje temos uma infinidade de antibióticos com especificidade tanto para os Grans positivos como negativos.

Antes dos antibióticos os tratamentos eram feitos por sais minerais, extratos (moles ou fluídos) e tinturas vegetais; com ação mais sintomatológica do que eliminatória das doenças. Tempos heróicos das manipulações galênicas de poções, xaropes, cápsulas, papeizinhos dobrados com pós curativos, pomadas, decotos ou infusões de ervas medicinais, e anteriormente, ainda tínhamos as célebres sangrias por abertura de uma veia, ou pelo Hirudus medicinalis (sanguessuga), os purgantes, cataplasmas, ventosas...

Vamos transcrever alguns tópicos das últimas horas de Luís XIV (Joseph Basy – As Doenças têm história):

Purga, álcool de cânfora e leite de burra, tais são os remédios graças aos quais a medicina da época minora os sofrimentos de Luís XIV no crepúsculo da vida.

Outro tópico:

Durante todo o verão, os embaixadores na corte mantêm o governo informado sobre a saúde do rei da França: apetite caprichoso, andar pesado, corpo inchado. Na corte, na cidade, no estrangeiro, os prognósticos vão bem e as apostas também.

> *A 10 de agosto, surge uma dor no estômago. Incompetente Fagon receita uma dose de álcool de cânfora.*
>
> *De noite sofre de insônia e de sede persistente.*
>
> *No dia seguinte, levanta-se às 8h30m, como era seu hábito, cancela a sua caçada e à noite deita-se: "pálido e com traços vincados". Os cortesãos evocam a sua morte. Mas dorme bem e Fagon ordena a purga mensal, cujo efeito é "uma abundante evacuação.*
>
> *Na noite seguinte, todos os líquidos que ingere são incapazes de acalmar "o fogo das suas entranhas".*

O relato, que iremos simplificar, continua em 13 de agosto, quando ele sente uma forte dor na perna esquerda que o impede de caminhar normalmente. Chamado o primeiro cirurgião (Maréchal) que fricciona a perna com panos quentes.

Durante o dia 14 chegam os médicos de Paris, examinam, confabulam, antes de receitarem leite de burra.

Dia 18 sua sede não é mitigada com meia dúzia de grandes copos com água.

A 19, há o aumento da febre e é notada por Maréchal uma mancha na perna esquerda e mais fricções com panos quentes e no dia seguinte, pela manhã, a perna é banhada com vinho aromático quente, contido em uma bacia de prata.

No dia 22, dez médicos vindos de Paris fazem todos os exames, louvam a sabedoria dos médicos reais, e ... receitam leite de burra.

Após a noite penosa para o doente, os médicos chegam à conclusão da ineficácia do leite de burra, e passam a enrolar a perna com um lençol molhado em álcool canforado, para que ela possa voltar ao calor normal.

A mancha da provável doença vascular continua evoluindo e, no dia 27, o cirurgião faz uma incisão na perna real, causando dor quando ele a aprofunda; que leva o rei a argumentar: se é indispensável fazê-lo sofrer, já que é em vão.

Dois dias após um camponês chamado Brun introduziu-se no quarto real para oferecer ao rei um livro maravilhoso; mas no dia seguinte Luís XIV está pior, e ameaçado pelos médicos, Brun desaparece.

A 31, a gangrena alcança a coxa do monarca e à noite durante as orações, ele grita: "Ajudai-me, oh meu Deus, ajudai-me depressa". Perde a consciência, morrendo no dia seguinte (01/09/1715), às 9h15m da manhã, depois de alguns suspiros e dificuldade respiratória, sem agitação e nem convulsões.

Esse era o estágio da Medicina, dois anos antes da criação da Grande Loja de Londres.

Hoje, leite de burra é utilizado para alimentar os muares recém-natos e os demais procedimentos médicos nem seriam cogitados.

Mais uma observação, como sempre, as velhas doutrinas renascem ou mantêm-se numa vida latente até ressurgirem nas medicinas alternativas de hoje, e apregoadas pelos meios de comunicação. Estão aí as fitoterapias; os florais de Bach; a velha homeopatia, a ressuscitada acupuntura, as benzedeiras, as mezinhas, as curas das doenças pelas igrejas, os passes espíritas, os sacudimentos do candomblé, e toda a imensa parafernália usada pelos depressivos e ansiosos.

Para não sermos chamados de radicais, façamos algumas análises desses processos curativos.

Não contestamos o valor curativo das plantas; pois grande parte dos maravilhosos remédios modernos tem origem nos princípios ativos dos vegetais, devidamente purificados, modificados, e obtidos pelas técnicas modernas da indústria farmacêutica. Não é mais necessário tomar-se um litro do chá das nove ervas, com resultado duvidoso, basta 0,25 mg de digoxina, para a insuficiência cardíaca.

Os florais de Bach podemos enquadrar na classe variante das fitoterapias.

Quanto à Homeopatia, criada por Samuel Hahnemann, pertencente à Franco-Maçonaria alemã, cujo sistema terapêutico é baseado na sentença: "similia similabus curantur (os semelhantes curam-se com semelhantes), em 1796. Esse princípio fundamental é alicerçado no emprego de agentes específicos capazes de promover nos organismos sadios sintomas análogos aos das enfermidades que se deseja curar; usando-se desde as tinturas mães até diluições milesimais.

Sobre a efetividade do sistema é uma questão controvertida; pois eu mesmo tive um filho, de seis meses de idade, curado por Graphites e Kreosotum de uma eczema do canal auditivo. Também acompanhei um médium curador por homeopatia, usando a radiestesia (o pêndulo orientador) tendo ora sucesso e ora insucesso, não sendo-me possível fazer uma tabela estatística referente às prováveis doenças e as suas curas, ou agravamento.

Talvez a homeopatia possa se tornar científica, caso os seus praticantes deixem de lado a carcomida teoria do fluido vital, e procurem explicações no próprio organismo com suas variações enzimáticas e energéticas. O que não achamos correto é tratar uma pneumonia grave, uma febre tifóide ou carcinoma "in situ" do colo do útero por homeopatia, quando poderíamos resolver com antibióticos e cirurgia, e não levar o paciente à morte como já vi acontecer.

Como diz L. L. Cavalli-Sforza e M. W. Feldman: "somos todos os agentes e testemunhas, bem como os beneficiários e as vítimas, da mudança cultural".

A angústia moderna levou ao aparecimento da acupuntura, também, baseada no fluido vital, ora positivo – Iang – e ora negativo Inn – que não deixam de ser formas de energia, cujo sinal "chi" (Ki ou Tsri) é o sopro, o ar, o sopro vital, a vida, a força, o vapor, o fluido etérico. Os tradutores ocidentais usam éter, éter protéico; origem de todas as coisas.

Esse fluido caminha pelo corpo orgânico através de seis meridianos Iang e seis Inn, cujas anomalias energéticas são as causas das doenças.

É um sistema médico complexo, onde se usam vários conhecimentos, como a teoria dos cinco elementos e as relações de dependência entre eles.

Os cinco elementos são o fogo (verão), a terra (canícula), o metal (outono), a água (inverno) e a madeira (primavera).

Há o diagnóstico pelo pulso.

Têm sido feitas pesquisas modernas sobre acupuntura e sabe-se que nos pontos chinos (mais de oitocentos) há menos resistência à eletricidade.

Segundo alguns estudiosos o efeito das agulhas estaria ligado à liberação de histamina e noradrenalina, a nível dos receptores positivos cutâneos, que iriam ao cérebro, deste recebendo uma resposta reflexiva; daí surgiram as explicações da Escola Reflexológica do grande fisiólogo Pavlov.

Esta escola russa, praticamente, iniciou o estudo quantitativo das atividades psicológicas animais, voltando a uma biotipologia de Hipócrates, considerando os tipos comuns aos animais e aos homens em: coléricos, sangüíneos, fleumáticos e melancólicos, conforme o predomínio da inibição ou excitação cerebral; o que corresponderia à tipologia Inn-Iang:

1 – Tal-Iang (excessivamente Iang) – colérico.
2 – Chao Inn (Inn médio) Chao Iang (Iang médio) – sangüíneo.
3 – O tipo com Inn e Iang em equilíbrio – fleumático.
4 – Tal-Inn (excessivamente Inn) – melancólico.

Dentro da reflexologia teríamos os dois tipos somente hominais: o pensador e artístico. O primeiro é pouco ou nada sugestionável, enquanto o segundo é sugestionável com alguma ou muita sensibilidade. São esses os mais sensíveis que vemos nas várias casas com orientação religiosa sendo curados (?) pelas inúmeras induções sugestivas; e também são curados ou pelo menos melhorados pelas terapêuticas alternativas. Como toda regra tem exceções há, realmente, casos de algum resultado com essas terapias, cuja explicação científica cai no vazio.

As proposições acima servem para as benzedeiras, curas pela Fé, que podem existir; porém para as quais não temos uma explicação lógica pois pertencem às condições das crenças em magia; entretanto grande número de doentes mentais encontra algum alívio nas sugestões feitas por "missionários" dos mais variados tipos. Outras vezes, nos casos das depressões, a demora em procurar um recurso terapêutico adequado, leva à cronificação da doença e à obrigatoriedade de usar antidepressivos por alguns anos, ou por todos os anos da vida do paciente.

Apesar de já termos escrito algo sobre as doenças mentais, é necessário abrir espaço para dois tópicos das pesquisas humanas: a Psicologia e a Parapsicologia.

3.6 – A Psicologia

Psicologia, palavra de formação grega: psique (alma, mente, espírito) e logos (ciência), portanto seria a ciência da alma, ou da mente, ou do espírito.

Eis o começo da confusão:

1 – alma essência imaterial do ser humano; espírito. Do latim – anima;
2 – mente – do latim, mens mentis com o significado de intelecto, alma e espírito; e
3 – espírito parte imaterial do ser humano, alma. Do latim – spiritus.

Há, também, o significado de psique como alento, sopro da vida; onde se confunde com pneuma (do grego), sopro ou espírito aéreo, que alguns médicos antigos consideravam a causa da vida e das doenças.

Diante da complexidade do tema teríamos de um lado os conceitos místicos, onde, alma, espírito, sopro, alento, pneuma, representariam a essência imaterial da composição humana.

Alguns consideram o espírito como uma energia desconhecida livre; que ao animar, dotar da ação alguém transforma-se em alma.

O codificador da espiritismo, Allan Kardec, considera a alma formada por um corpo protetor: o perispírito; que recebe em outras doutrinas variados nomes: corpo astral, duplo etérico, corpo causal, corpo dos desejos e outros.

A mente vem sendo mais usada quando se trata dos fenômenos bioquímicos e fisiológicos da função cerebral.

Não vamos divagar se os outros seres animais e vegetais têm almas; porque implicaria em validar ou invalidar opiniões sem qualquer base empírico-racional, para o qual modernamente considera a mente como o produto de certa matéria altamente organizada, e a psique, um reflexo do mundo exterior.

Encontremos mais setenta definições da psicologia e portanto torna-se impossível uma classificação coerente.

Uma das maneiras é segundo os conteúdos examinados, e assim teríamos uma Psicologia da senso-percepção, da inteligência, da aprendizagem, da personalidade, das emoções, dos sentimentos, da volição ...

Outro critério é o do exame desses mesmos temas em relação ao funcionamento do organismo: Psicologia fisiológica, comparada, do desenvolvimento social ...

Como podemos notar a confusão é grande, porém de um modo geral poderíamos considerar: a Psicologia racional (filosófica), a Psicofísica, a da forma (gestalt), o do comportamento ou objetiva, do profundo ou abissais, e a funcional ou funcionalismo.

Cada uma dessas classes tem seus pontos importantes e outros contraditórios; o que implicaria num extenso e elaborado estudo de análise e crítica só de interesse dos especialistas. Para nós, pelo valor cultural moderno, deter-nos-emos somente na Psicologia do profundo (inconsciente profundo) por causa da influência desmedida e irrestrita da Psicanálise na civilização atual como explicação dos fatos humanos, sociais, literários, artísticos e até científicos.

Segundo Freud, a personalidade humana estaria composta de três camadas: ego, a individualidade do homem; id, os instintos inerentes à espécie humana; e superego, condicionamento às regras e convenções sociais.

Em seu trabalho psicoanalítico ele notou que os sonhos dos pacientes traziam uma simbologia inconsciente. O sonho funcionaria como uma espécie de válvula para liberar o choque entre a vontade (do consciente) e o instinto (do inconsciente). Isto influiu no seu processo terapêutico criando a interpretação dos sonhos e a associação livre.

Além do consciente e inconsciente, ele criou uma zona entre ambos, o pré-consciente, e usava quase indiferenciadas as noções de subconsciente e inconsciente.

Entretanto o chamado inconsciente já em 1831 aparece na obra de Carl Gustav Carus. O seu inconsciente parece um princípio divino que preside ao mesmo tempo à organização do mundo, à nossa vida orgânica e à nossa vida espiritual.

Em Filosofia do Inconsciente – 1869 – Hartmann faz uma verdadeira especulação metafísica, um panteísmo, no qual o inconsciente representa a alma do universo, e um Todo, que traz, ao seio da natureza, uma lógica imanente. Ele distingue um inconsciente na vida corporal e do espírito humano. Também, a noção do instinto como uma finalidade do inconsciente; ele é uma atividade que procura um objetivo sem ter consciência disso.

É fácil notar terem sido as idéias iniciais de Freud, conseqüentes às especulações filosóficas anteriores. Não são originais.

Continuando a estudar a mente enferma, ele começou a encontrar toda uma vasta fenomenologia; cujo modelo inicial não conseguia explicar e Freud foi criando novas concepções agregadas às primeiras, sem formar um todo uniforme e lógico.

Assim, descobriu que a vida sexual começa desde a infância. A sexualidade freudiana, a libido, é inicialmente oral (o maior prazer do latente é mamar), depois sádico-anal (a criança aos três anos compraz-se com as funções de excreção e experimenta um prazer sádico em dilacerar e destruir) e finamente a genital.

Tais proposições foram demonstradas experimentalmente por Jean Piaget, como errôneas. O cérebro é o último órgão humano a se maturar (até os 25 anos), e a mania dos latentes levarem tudo à boca é porque é a única região da sensibilidade nervosa desenvolvida, enquanto o infante após dois anos e meio começa a desenvolver o seu sensório-motor usando os órgãos dos sentidos e daí gostar de rasgar, quebrar, desmontar tudo que lhe cai às mãos.

Hoje para nós a criança é um ser em evolução pesquisando o ambiente para nele se integrar e não conforme escreveu Freud: "A criança é uma perversa polimorfa", e nem como diz Rousseau: "A criança é perfeita como tudo o que sai da mão do Criador".

Depois criou o recalque e o conflito. O primeiro é conseqüente a não satisfação das pulsões instintivas pela censura social, sendo mandadas para o subconsciente, criando tensões que traduzem por sintomas e sinais patológicos.

Da identificação com o genitor do mesmo sexo e da afeição exclusiva (fixação) pelo genitor do sexo oposto. Exemplificando: o menino identifica-se com o pai, a quem procura imitar e logo suplantar, porém fixa-se na mãe e pode ficar com ciúmes do pai e agressivo em relação e ele; a isso Freud denomina complexo de Édipo.

Há também os mecanismos de defesa do ego: projeção, regressão, racionalização, sublimação...

Talvez a grande falha de Freud tenha sido a da transposição das descobertas em relação à mente anormal, para os chamados normais. É praticamente impossível, nós, sadios de mente, e portadores de raciocínio lógico matemático, tentar explicar a mente doente com a sua atividade onírica e sobretudo irracional.

Atualmente as concepções das psicologias experimentais (condútivismo, comportamentais e reflexológica), juntamente com as descobertas de bioquímica e citoarquitetura do cérebro, estão relegando paulatinamente o psicologismo ao museu do conhecimento humano; todavia, aí estão os seus seguidores resistindo heroicamente, numa peleja inglória contra a evolução, como fazemos nós Maçons, ligados aos falsos pseudo-usos, costumes, simbolismo, liturgia, filosofia e história da ordem. Somos um exército dando tiro a esmo, e por falta de um alvo melhor, muitas vezes atingimos os nossos companheiros.

Abriríamos um parênteses para escrevermos algo sobre Jung e hipnose.

Li em algum lugar ter sido Jung Maçom e também elaborador de toda uma teoria dos símbolos, contudo os seus dois tipos humanos diferentes, dos quais um está mais dirigido para o exterior (extrovertido) e o outro mais ligado ao próprio interior (introvertido), fazem parte da linguagem moderna.

A teoria dele do inconsciente coletivo, baseada na análise dos sonhos, mostrou para Jung que o nosso inconsciente era obsedado por temas mitológicos: deuses e demônios, gigantes, magos, lobisomens e para a nossa cultura arcaica: a mula sem cabeça soltando fogo pelos olhos, o saci e uma infinidade de seres sobrenaturais.

Essas imagens, que Jung chamava de arquétipos, encontram-se um todas as religiões primitivas, nos contos de fada, nas lendas de todos os folclores. Desse modo, o inconsciente seria uma projeção da "alma coletiva histórica". Ele herdaria essas imagens ancestrais. Vindas dos tempos pretéritos; possivelmente do paleolítico passando por todas as experiências vivenciais de todos os povos, e estariam influenciando as nossas vidas desde o nascimento. Apresentaria não somente os traços dos conflitos vividos em nossa infância pessoal, porém também os vestígios das mais antigas angústias da humanidade no decorrer de sua história.

O discípulo dissidente de Freud, por ele chamado de ocultista, não concordava com a amplitude e a com a importância do sexo como força principal do inconsciente; o qual não considerava somente um repositório das repressões infantis dos desejos reprimidos pela moralidade vigente na época, porém forças outras. Ele sentia evidências de que essas forças emanavam de um mundo mais profundo e vasto que os seus problemas pessoais. O "inconsciente" freudiano dos desejos sexuais reprimidos, era pouco diante desse rio impetuoso, em cujo meio se mantinha, bem ou mal, o pequeno rochedo do ego. Essa imensa corrente recebeu dele o nome de inconsciente coletivo.

Teve visões e sonhos que o levaram à alquimia; e, também porque sentia em si duas personalidades: a número um ligada à existência atual e a número dois é o "velho", o "arquivelho" que experimentara quando criança, que sempre viveu e sempre viverá: está fora do tempo, filho do inconsciente materno.

Sua imensa obra deveria ser lida e interpretada utilizando o nosso intelecto, contudo deixando que falem em nós todas estas outras vozes tão importantes e tão negligenciadas. De nada adianta acumularmos conhecimentos se não pudermos vivenciá-los; pois cada um de nós terá de dar a sua resposta conforme a nossa maneira de sentir: única, individual e intransferível.

Tanto Freud, quanto Jung e os outros adeptos da psicologia profunda, tiveram seus castelos de cartas desmoronados pelas modernas conquistas da genética; em seu estudo dos transtornos mentais tomando os gêmeos univitelinos e incidência dos distúrbios mentais numa família e na população global, provando como principal fator das psicopatologias a herança, o que é em parte comprovado não só pela bioquímica de cérebro, como também lesões somente agora descobertas pelos microscópios eletrônicos, e pelos vários tipos de tomografia e ressonância magnética do cérebro, aos quais poderíamos juntar os efeitos realmente eficazes e seguros dos psicotrópicos: antipsicóticos, ansiolíticos e antidepressivos. O uso dessas substâncias, segundo lemos em algum lugar, foi resultado do acaso em 1953, quando a Clorpromazina (O Lagartil francês) foi usada contra os vômitos incoercíveis de uma grávida esquizofrênica já em estado avançado de regressão psicológica. Para surpresa dos médicos a doente dentro de alguns dias, ou meses, passou a responder aos estímulos sociais. E o Lagartil, entre nós-amplictil, passou a ser usado, mandando para o lixo da história o inconsciente, consciente, Id, ego, superego, subconsciente.

Antes de encerrarmos o tema sobre psiquismo, façamos uma incursão pela hipnose; que em sua formação etimológica seria: hypnos (grego), sono; e ose, do grego "osés" ação, condição, formação de doença degenerativa; o que daria sono condicionado, e hipnotismo: o conjunto de fenômenos que produzem o sono artificial, provocado, durante o qual o paciente só atua por sugestão externa.

Ao final da década de 1950, começamos a estudá-lo e a praticá-lo e, posteriormente, nos anos setenta fizemos parte de um grupo de estudo da hipnose, aonde constatamos uma série de fenômenos: como cruzar um braseiro sem queimar a sola do pé, perfurar partes moles com agulhas, rigidez corporal e outros; cujos fatos foram apresentados algumas vezes em televisão.

Mais tarde, tanto na clínica psiquiátrica como no magistério (lecionamos por mais de cinco anos – Transe e hipnose, no curso de parapsicologia de uma Faculdade de Curitiba), fizemos a técnica de regressão da memória às "vidas passadas", ou como impropriamente chamam outros: regressão pré-placentária e regressão de idade.

Terapeuticamente a técnica é restrita a vinte por cento da população em geral que chega ao estágio mais profundo no sono hipnótico, e tem bons resultados nas fobias e nos estados de ansiedade.

Nas regressões pode acontecer que o sensitivo descreva as próprias fantasias de sua mente e assim tivemos alguns casos com pessoas descrevendo romances e mesmo filmes.

Hoje, existe uma tal terapia das vidas passadas, cujos resultados bons ou maus não se pode avaliar; entretanto é uma salada de frutas da associação livre dos psicólogos do passado e a indução hipnótica.

Nós, diante das duas possibilidades espiritualistas: ressurreição e reencarnação, ficamos com a última; surgindo, daí, o nosso interesse em estudá-la nos seus diversos contextos; os quais são unânimes em afirmarem da necessidade da alma esquecer suas experiências pretéritas, a fim de poder cumprir uma nova vivência evolutiva sem os ódios, amores, tendências do passado.

Também, considerando que três por cento de todas as psicopatologias curam-se (Franz Alexander), a técnica imprecisa usada e a filosofia da reencarnação (vidas sucessivas), concluímos que: malgrado as curas "relatadas" o processo fere certas premissas básicas, e pode ser um simples modismo como o da água oxigenada, Ipê roxo, confrei e tantas outras panacéias aparecidas e desaparecidas com o tempo.

A história do hipnotismo através da fase mesmerista, está ligada à Maçonaria pelos praticantes Maçons e pela Sociedade da Harmonia Universal.

Franz Anton Mesmer chegou a Paris em fevereiro de 1778, anunciando a descoberta de um fluido que cercava e penetrava todos os corpos, criando uma patologia na qual a doença era conseqüente à falta de circulação adequada desse fluido e a cura seria o restabelecimento da circulação dele para restaurar a saúde ou a "harmonia" entre o homem e a natureza.

Por extravagante que pareça ao nosso julgamento hodierno, o mesmerismo não justifica a negligência dos historiadores, porquanto correspondeu aos interesses dos franceses cultos na década de 1780, pois a ciência vinha destronando o misticismo em voga, mostrando com a gravidade de Newton e a eletricidade de Franklin as forças invisíveis do novo universo; ao lado dos gases dos balões de Charliere e Montgolfiere.

Era o prenúncio da nova época, onde as teorias animistas, vitalistas e mecanicistas digladiaram-se na imensa arena do pensamento sob as mais diversas formas, inclusive a teatral com Moliere (O Médico à Força e O Doente Imaginário); cujos admiradores poderiam considerar as técnicas de Mesmer menos prejudiciais do que as dos médicos e barbeiros, cirurgiões ortodoxos, firmes em suas crenças nos quatro humores e nos espíritos animais, e com o seu terrível arsenal de medicamentos incluindo: purgativos, cauterizantes, vesicatórios e sangrias, revulsivas e espoliativas.

Havia uma infinidade de teorias científicas e pseudocientíficas aparecendo não só nos jornais especializados (Journal de Physique), como também na imprensa sensacionalista de um modo geral.

Não só a população pobre e miserável, mas a rica hipocondríaca, depressiva e ansiosa recorria a toda sorte de curandeiros e benzedeiros no submundo da medicina, como, ainda, fazem até hoje.

O mesmerismo foi a grande moda, a nova panacéia, por ser colocado num ponto intermediário entre a ciência e a pseudociência, ou ocultismo, sendo discutido nas academias, salões e cafés e praticado por uma rede de sociedades secretas semelhantes à Maçonaria, inclusive a Sociedade da Harmonia Universal, fundada por Nicolas Bergasse, um filósofo, advogado e hipocondríaco de uma rica família de Lyon, e por Guillaume Kornmann, banqueiro em Estrasburgo. Essa sociedade logo se espalhou em outras filiais, assim a seção mesmerista de Lyon se parecia com a congênere estrasburguiana, como era de se esperar; porque os místicos das duas cidades, pessoas como Jean-Baptiste Wellermoz, Perisse Derlera, Rodolpre Saltzmarm e Bernard de Turchheim eram Maçons.

Entretanto a variedade mais provocativa do mesmerismo lionês estava ligada às várias correntes espiritualistas e assim a sociedade, La Concorde, era formada por rosacruzes, swedeneorguianos, alquimistas, cabalistas e teósofos de correntes variadas, principalmente, recrutados entre os elementos da Ordem dos Cavaleiros Benfeitores da Cidade Santa, de caráter maçônico.

Outro grupo teosófico, a Ordem dos Cavaleiros Eleitos Coërn, tinha um caráter martinista e Louis-Claude de Saint Martin pertenceu à Sociedade da Harmonia de Paris. Ele achava que a ênfase de Mesmer sobre a ação dos fluidos, poderia levar ao materialismo e expor seus seguidores à má influência dos espíritos chamados "inteligências astrais". Através de espíritos, Saint Martin tomou conhecimento de Martines de Pasqually, o fundador do martinismo, cuja doutrina era uma miscelânea de Cabala, tradição talmúdica, e catolicismo místico em busca da reintegração do homem a Deus.

Em 1788, ao lado do racionalismo do iluminismo, floresciam os rosacruzes, iniciados e profetas e eram ouvidos e seguidos; e as conversas giram preponderantemente sobre esses assuntos; eles ocupam todas as mentes; eles impressionam todas as imaginações; e proliferam os bruxos, iniciados, nigromantes e profetas, consultados por todos.

É importante considerar que uma cisão da Sociedade da Harmonia de Paris oriunda da insatisfação de Bergasse, Kornmann e d'Eprémesnil; que passaram a se reunir à parte, na casa de Kornmann, onde, sem a ortodoxia da Sociedade da Harmonia, desenvolveram aspectos sociais e políticos da teoria mesmerista. Essa cisão, no período de 1787 e 1789, passou a negligenciar o mesmerismo, a fim de se dedicar à crise política e contava entre seus membros elementos estranhos, como os futuros líderes girondinos: Etiene Claviére e Antoine-Joseph Gorsas e depois Jacques-Pierre Brissot. Este último em seu manifesto: "Uma palavra ao pé do ouvido dos acadêmicos de Paris", ele ressalta que: "Bergasse não me escondeu que, ao erguer um altar ao magnetismo, não tinha em vista senão erguer um altar à liberdade. Chegou o tempo em que a França precisa de uma revolução. Mas querer fazê-la abertamente é querer fracassar; para dar certo, é preciso se envolver em mistério, é preciso reunir homens sob o pretexto de experiências físicas, mas na verdade para derrubar o despotismo".

Entre os membros estavam outros, como Lafayette, e havia outra sociedade de escritores, que utilizavam a pena para preparar essa revolução, contudo os esforços dos membros da sociedade que se reunia na casa de Kornmann, contribuíram para acelerar a Revolução.

É incalculável o número de textos elaborados entre 1787 e 1788 contra o ministério, sob o patrocínio de Kornmann, que consagrou parte de sua fortuna nas edições dos temas revolucionários.

Conforme pudemos notar as Sociedades da Harmonia praticavam uma perfeita igualdade, a semelhança às inócuas sociedades maçônicas da época, porém delas saíram elementos cuja importância não se pode desprezar; pois o seu presidente perpétuo era Mesmer, falando um francês deficiente que limitava sua participação nas reuniões; vice-presidente, Adrieis Dupont, membro do parlamento e futuro líder dos constitucionalistas moderados, e o marquês Chastellux, o ilustre soldado e homens de letras; orador Bergasse; tesoureiro Kornmann; um ou dois mestres de cerimônias, um arquivista e de um a quatro secretários. Cada membro recebia um diploma de Mesmer, o qual obrigava-o ao sigilo e atestava a sua posição na hierarquia dos discípulos: Bergasse era o primeiro, o Kornmann o segundo, Dupont o 34º, Lafayette o 91º e o d'Eprémesnil o 136º. Bergasse era quem realmente dirigia as reuniões da associação e a sua intenção era dar um caráter exclusivamente filosófico, porém os membros pediram um regulamento para a sociedade, à qual, no início, foi denominada loja.

As sessões era realizadas num recinto semelhante ao das Lojas Maçônicas, tendo numa das extremidades as poltronas para o presidente e vice-presidente num estrado; ficando à direita a mesa do orador e à esquerda a do secretário. Ao fundo em frente ao orador e secretário ficaram as mesas dos supervisores e outros oficiais. Duas filas de poltronas colocadas lateralmente sendo a primeira fila para os recipiendários e a do fundo para os supervisores.

Havia um vidro por trás do presidente com símbolos, e sobre o orador e secretário um quadro escrito a mão, conceituando o magnetismo animal e suas aplicações terapêuticas.

Para iniciação o postulante era recebido numa sala antes preparada com muitas luzes, dispostas em grupos de três; pois deram um nome e formas maçônicas ao ambiente. O ritual de iniciação começava com um discurso do orador Bergasse. Todos levantavam a mão e em seguida passavam, um a um, diante do presidente onde recebiam de pé o sinal do toque; após os novos membros terem recitado um juramento religioso punham-se em "rapport" mesmérico com condutor da cerimônia, que os abraçava: "Vá, toque, cure" (Allez, touchez, guerissez).

Três vezes por semana os neófitos se reuniam e recebiam instruções de Bergasse, baseada nos princípios: Deus, matéria e movimento. Havia, também, conferências públicas (1785 a 1787) feitas por Bergasse e d'Eprémesnil que se afastaram das idéias de Mesmer; posteriormente, depois da cisão, desenvolveram os aspectos sociais e políticos da teoria e as idéias pessoais deles referente à moral universal, princípios de legislação, educação, costumes, artes e outros, preparando junto com as outras entidades, inclusive a Maçonaria; cuja atividade ainda hoje discutida, a Revolução Francesa.

Entretanto, dado ao sucesso do mesmerismo de 1778 a 1785, quando uma comissão de sábios e professores de medicina concluíram que os fenômenos observados nada tinham a ver com suposto fluido magnético, porém eram resultantes dos toques, da imaginação e da imitação.

A comissão era constituída por Borie, Sallin, d'Arcet, de Bory, Bailly, Lavoisier, Jussieu, Guilotin e Franklin (os dois últimos Maçons). Só Laurent Jussieu, em relatório separado, concluiu que o magnetizador estava no caminho de uma verdade importante e deveriam continuar as experiências.

Foi o começo do fim. Desacreditado, criticado, Mesmer abandonou a França e depois de peregrinar pela Inglaterra, Alemanha, terminou seus dias na Suíça em 1815 e seu túmulo apresenta uma série de hieróglifos sendo alguns aparentemente maçônicos.

Não podemos provar, mas as evidências é que possivelmente a introdução das diversas formas de ocultismo na Maçonaria tenha suas raízes no mesmerismo através da Sociedade da Harmonia Universal, porquanto Mesmer, d'Eprémesnil e Lafayette eram Maçons.

Há muitas doutrinas para explicar o hipnotismo, todavia a mais cientificamente aceita é a materialista reflexológica, na qual a um estímulo indiferente é associado por meio de uma conexão temporária a uma necessidade humana como a fome, o sono e outros.

Assim no caso do cansaço visual ou palpebral, associamos a noção de relaxamento muscular e sono. Não existe o suposto poder magnético humano e por extensão toda a velha e inócua doutrina de se desenvolver poderes sobrenaturais é improvável; é pura perda de tempo em encher o cérebro de proposições falsas.

Infelizmente a importância das sociedades, como a Maçonaria, na Revolução Francesa, ainda deve ser escrita com imparcialidade.

3.7 - Parapsicologia

O mesmerismo chamou a atenção dos pesquisadores não dogmáticos para uma série de fenômenos humanos, até então considerados como feitiçaria e, devidamente, queimados os seus atores nas santas chamas purificadoras da Inquisição.

Vieram à luz o sonambulismo, o convulsionários, os videntes, a magia, o hermetismo e ressuscitando os rosacruzes com suas práticas místicas.

No século dezenove as práticas de comunicação com os mortos: tais como as mensagens por batidas, ou por meio do alfabetos, as mensagens recebidas por sensitivos de espíritos dos mortos, devidamente incorporados ou suas materializações, em ambiente devidamente preparado, levavam um discípulo de Pestalozzi, professor Hipolite Denizard Rivail, a fazer um estudo para codificar todos aqueles fenômenos dentro de uma estrutura racionalista: criando a doutrina dos espíritos ou espiritismo. Poderíamos considerar Allan Kardec, nome que professor Rivail teve em uma de suas reencarnações entre os druídas, segundo revelação de um espírito, fez a primeira tentativa de criar um misticismo racional. Infelizmente seus seguidores dogmatizaram os ensinamentos dele e criaram o kardecismo, que continuava estacionado em 1858 e 1862, contrariando a própria doutrina ao mestre, em sua Obra Póstuma ao dizer que: Se a ciência provar que conceitos espíritas estão equivocados, o espiritismo evoluirá e acompanhará o conhecimento científico.

Além da pluralidade dos mundos habitados, da teoria de comunicação entre os chamados vivos e mortos, a doutrina tem como principais princípios filosóficos: a evolução dos espíritos (Darwinismo), reencarnação, a lei de causa e efeito (respondemos perante a nossa consciência ou à Consciência Cósmica por todos os nossos atos), e uma classificação dos espíritos em: imperfeitos, bons e puros.

Nos espíritos imperfeitos há a predominância da matéria sobre a inteligência (o esquadro sobre o compasso) e eles podem ser: impuros, levianos, pseudo-eruditos, neutros e os perturbadores.

Quanto aos bons espíritos há a predominância deles sobre a matéria (o compasso sobre o esquadro). Eles podem ser: benfazejos, cultos, prudentes e superiores.

Finalmente os puros espíritos cuja influência da matéria é nula (o compasso sobre o esquadro).

Em conseqüência dos princípios filosóficos surgiu a moral espírita consubstanciada em dez leis: da adoração, do trabalho, da reprodução, da conservação, da destruição, da sociedade, do progresso, da igualdade, da liberdade e da justiça e do amor; coroando todo o edifício kardequiano.

Toda a fenomenologia despertou o interesse de inúmeros cientistas, como William Crookes, Camille Flamarion; mas sobretudo de Charles Richet, prêmio Nobel de medicina em 1913, pela descoberta da anafilaxia, que reuniu todas as suas observações sem seu "Tratado de Metapsíquica", sendo metapsíquica o nome dado aos fenômenos anteriormente descritos e sistematizados por Kardec.

Na década de 1930 o prof. Joseph Banks Rhine, da Universidade de Duke, publicou a famosa monografia: "Extra-Sensory Perception", aonde descreve os testes estandardizados de cartas Zener. Em Duke foi criado o famoso periódico Journal of Parapsycology.

A diferença entre a metapsíquica do Richet e parapsicologia de Rhine é de ser a primeira qualitativa e a segunda quantitativa, usando métodos estatísticos como algumas das ciências modernas, inclusive a Física.

Infelizmente, como sempre acontece por haver certas correlações teoréticas entre os fenômenos, ainda não cientificamente comprovado e as conseqüências do destino anímico e suas implicações religiosas, forçando o aparecimento de autores com esta ou aquela tendência; que podem ser classificadas em idealistas e materialistas.

Em âmbito internacional citaríamos no primeiro caso Robert Amadou e no segundo Rene Sudre. No Brasil teríamos respectivamente: Padre Quevedo e Frei Albino Aresi (já falecido) da visão católica; e Hernani Guimarães de Andrade, Henrique Rodrigues ligados à corrente espírita, bem como o prof. Carlos Alberto Tinoco, menos ortodoxo do que os dois primeiros; ainda, Oswald Andrade Faria de um materialismo eclético.

Como a dimensão deste trabalho não nos permite detalhar e

aprofundar os temas, deixamos para os interessados a indicação de livros em português:

1 – Hernani Guimarães Andrade.
  a) Matéria Psi; e
  b) Parapsicologia experimental;
2 – Carlos Alberto Tinoco.
  a) Parapsicologia e ciência; e
  b) Poltergeist;
3 – Oswald Andrade Faria.
  a) Parapsicologia; e
4 – Robert Tocquet.
  a) Os poderes secretos do homem.

Citaríamos para os que gostam do hinduísmo o último livro do Tinoco: As Upanishadas (Ibrasa), e também às pessoas perdidas nos labirintos das doutrinas herméticas em todas as suas dimensões.

Depois destas digressões voltemos ao tema principal.

Aparentemente, segundo o nosso dualismo conceptual, existiriam os fenômenos normais e anormais, dentre os últimos os paranormais.

Não aceitamos essa dicotomia; pois não pode existir, oriundos de uma só fonte energética, uma fenomenologia contraditória.

Melhor seria chamarmos de fenômenos incomuns; cujas caraterísticas são:

a) raridade e fugacidade da ocorrência observável.
b) não podem repetir-se quando se quer;
c) o aspecto inesperado e imprevisível, o qual dificulta e complica a preparação do registro;
d) a aparente racionalidade e intencionalidade de tais fenômenos, dificultando o controle e a vigilância do observador.
e) a imprecisão e parcialidade das provas testemunhais; e
f) a profunda ignorância em relação às leis e mecanismos desses fenômenos.

A fim de explicar rapidamente teríamos como fenômenos naturais incomuns: a telepatia, a clarividência, efeitos físicos e os theta.

Telepatia, expressão cunhada por Myers, para conceituar o estabelecimento de troca de impressões de qualquer tipo entre uma mente e outra, independentemente de qualquer canal sensorial. A interpretação estatística demonstra essa realidade, cuja importância tem muito a ver com nossa vida cotidiana; pois estamos imersos num oceano de pensamentos construtivos ou destrutivos em nosso lar, em nosso trabalho e em nossas Lojas. Se cultivarmos os pensamentos de paz, harmonia, saúde estaremos cooperando para que reine a tranqüilidade e a união no lar e na comunidade maçônica em geral sem os puros e os espúrios. Ao contrário, se nossos pensamentos são separatistas, de superioridade, de orgulho, de empáfia ..., criamos as brigas nos lares entre cônjuges, incompreensão entre os familiares, e no campo maçônico essa babel de potências regulares e irregulares.

Fazemos uma observação para os fenômenos humanos. Não é válida a lei de atração física: cargas de sinais iguais se repelem e de diferentes sinais se atraem, mas, sim, semelhantes atraem semelhantes, enquanto diferentes se repelem.

Para a telepatia existe a necessidade de um emissor e um receptor, e na clarividência é o sensitivo que penetra além das fronteiras dos sentidos, tendo a visão atual de fatos ou pessoas, como também a percepção do passado e do futuro. A primeira é chamada de retrocognição e a segunda precognição.

Dentro da precognição incluem-se as predições e profecias encontradas fartamente nos escritos históricos de todos os tempos, incluindo alguns livros santos como a Bíblia com a profetiza de Endor e os grandes profetas: Elias, Jeremias, Daniel, Amós e os outros.

A validade das profecias está ligada aos conceitos filosóficos de determinismo e livre-arbítrio. Se a aceitarmos concluiremos pelo determinismo dos eventos; sendo, portanto, inútil todas essas noções de bem e mal, de responsabilidade individual, de dever e de amor e ódio. Melhor seria vivermos egoisticamente e hedonisticamente, do que altruisticamente. Nada faria sentido; porque não teríamos opção de escolha.

Contudo nem todas as predições se realizam, talvez, por deficiência do vidente ou porque existe, conforme os textos indianos, um grande plano com objetivos gerais e várias alternativas para a concretização de sua finalidade; logo somos livres para escolher a melhor ou a pior.

Em vez de usarmos o termo psicocinesia, ação da mente sobre a matéria sem o uso de qualquer meio físico, preferimos o antigo efeito físico por ser mais geral, incluindo toda aquela vasta fenomenologia verdadeira ou falsa, sobre aparições, materializações de almas, raps, levitações, escrita direta, estigmatizações e outros.

O grande problema nessas pesquisas são os sensitivos, que muitas vezes fraudam as manifestações, levando muitos pesquisadores a abandonarem seus estudos e concluírem pela falsidade de todos os fenômenos, porém seria esse imenso acervo de fatos simples fruto da irresponsabilidade humana?

Pela nossa experiência há realmente ações inexplicáveis, como há fraudes; pois dependemos da imperfeição humana.

Criaram, modernamente, os chamados fenômenos Theta, conceituados como os fatos incomuns; que possam sugerir fortemente a implicação, subjetiva ou objetiva, da mente de pessoas mortas.

Teríamos de um modo geral os fenômenos Thetas provocados e espontâneos.

Entre os provocados citaríamos:

1 – o afloramento à memória de eventos associados a uma vida anterior durante transes provocados por sugerência de um hipnotizador, de um diretor de trabalhos espiritualistas, ou por um profissional da saúde no caso de terapia das vidas passadas;
2 – certos casos de "invocação de espíritos (a profetiza de Endor)";
3 – os "desdobramentos astrais" induzidos e controlados; e
4 – as gravações de vozes do além túmulo em fitas magnéticas e outros.

No caso dos espontâneos poderíamos nos referir aos sonhos com pessoas falecidas onde informações corretas são dadas pelo "morto"; alguns "transes mediúnicos" sem as condições ambientais para os mesmos; recordações de crianças de fatos de outras vidas (vinte casos sugestivos de reencarnações – Ian Stiveson); experiências extracorpóreas (desdobramento astral); experiências no limiar da morte, relatadas por pessoas que foram consideradas clinicamente mortas; e os poltergeist, efeitos físicos que aparecem em algumas casas, nas quais objetos voam sem terem sido lançados por alguém, e há incêndios e outras manifestações sem haver um agente material.

Torna-se evidente pela experiência humana a existência desses fenômenos incomuns, ora espontâneos e provocados, porém nem todos os homens são dotados em alto grau dessa faculdade. Assim a história traz do passado os sensitivos famosos:

Eva C., Florence Cook, D'Esperance, Pascal Forthuny, Daniel D. Home, Eusapia Paladino ..., estudados por famosos pesquisadores: Babisnki, Henri Bergson, William Crookes, Camille Flamarion e tantos outros homens peritos em experimentação.

No entanto, a percepção extra-sensorial é peculiar em baixa intensidade a todas as pessoas, principalmente a telepatia, mas são poucos os chamados "grandes médiuns". Há uma porcentagem infinitesimal deles e do estudo de suas vidas, tudo indica ser a faculdade inata e inicia-se de modo involuntário e até o momento poucos casos indicam alguma herança.

Portanto, tudo indica não existir métodos para desenvolver os poderes secretos do homem. A concentração, meditação, yoga, práticas esotéricas e rosacruzes são inócuas. Não adianta como querem alguns pseudomísticos, teósofos, esoteristas, hermetistas e magos, introduzi-los nas vivências maçônicas. É um retorno às crendices e superstições, as quais nos cabe combater.

A Maçonaria para quem assim desejar é um sistema iniciático, simbólico, filosófico, e por que não religioso, coerente e imenso, não necessitando de interpolações errôneas de um passado místico e mítico. Se estudarmos a ordem maçônica em toda sua história, simbologia, filosofia, teríamos assuntos para esta e outras vidas.

Primeira conclusão parcial.

Para não nos perdermos em nossa apresentação científica, mais ou menos atualizada, até aqui procuramos destacar a evolução da ciência do século XVIII para o XX, e provável projeção ao XXI, trazendo profundas modificações do pensamento, das estruturas sociais e ambientais, enquanto nossa Maçonaria continua presa aos hábitos das épocas anteriores como Aventais luxuosos, Cerimônias Ritualísticas até certo ponto ridículas, conceitos separatistas na era da globalização, sem uma crítica filosófica adequada, e reestudo de seus Símbolos, usos e costumes.

Sendo a evolução um fenômeno natural, provocado, segundo alguns, pelo princípio da simplicidade da natureza em sua ação, é hora de voltarmos a ele, como realmente fizeram os criadores da Grande Loja de Londres.

Há uma revisão geral a ser elaborada: religiosa, filosófica, ritualística, simbólica e dos usos e costumes que deve ser feita por todos Maçons consubstanciada no ensinamento de Buda:

> *Não creais em coisa alguma pelo fato de vos mostrarem o testemunho escrito de algum sábio antigo: não creais em coisa alguma com base na autoridade de mestres e sacerdotes; aquilo, porém, que se enquadrar na vossa razão e depois de minucioso estudo for confirmado pela vossa experiência, conduzindo ao vosso próprio bem e ao de todas as outras coisas vivas, a isso aceitai como verdade, por isso pautai vossa conduta.*

Epílogo

Fomos lançando no papel nossas idéias e conclusões, porém nos apercebemos que tínhamos ultrapassado em muito o número de páginas de um livro e, assim, tivemos de nos restringir à evolução do quadrívio e do trívio e das ciências naturais, ficando para outra ocasião a evolução das idéias religiosas, do pensamento, dos agrupamentos humanos, da simbólica, ritualística, e talvez outros temas que possam surgir durante os estudos e pesquisas e serem feitas.

Ficamos surpresos com a defasagem entre os novos conceitos culturais e os maçônicos; desde os aspectos administrativos organizacionais, legais, científicos, religiosos, simbólicos, ritualísticos e sobretudo sociais e humanos.

Se ligássemos a nossa máquina do tempo em 24 de junho de 1717, e lá voltássemos ficaríamos admirados, ao constatarmos o atraso dos povos, ainda com os resquícios do feudalismo recendendo incenso e cultuando os heróis cavalheirescos e os Santos mártires.

A cultura encontrava-se quase restrita aos mosteiros; o poder político nas mãos de uma aristocracia e de um clero explorador, mantidos pela Inquisição com seu meio eficaz de impedir o aparecimento de novas idéias: a fogueira. Processo violento porém rápido, desumano mas infalível.

Entretanto a partir do século XV, começa a lenta desagregação do mundo feudal.

Citando Viana Moog, "Heróis da Decadência": "Os Cids, os Rolandos, os Percivais haviam desaparecido. A nobreza feudal não era mais um instrumento de defesa coletiva: convertera-se em obstáculo ao desenvolvimento social. Mais do que inútil, tornara-se funesta. Das virtudes antigas de fidalguia, ficará, apenas, a fachada. Mas já não basta ocultar a grosseria e o egoísmo. Continuaram as festas ruidosas, as declamações de belas frases, a prodigalidade desenfreada, as grandes questões de honra, os elogios à bravura, à lealdade e a todas as virtudes que foram apanágio dos ancestrais. Mas já não existia a alma do passado. No fundo só há cupidez e sensualidade. O bem social não era invocado senão como pretexto de pilhagem".

Sob um novo prisma a história se repete atualmente.

Contudo o afrouxamento da censura clerical, já no século XV, permitiu o aparecimento de novas descobertas e mentalidades científicas nos séculos XVI e XVII, com Galileu, Descartes, Pascal, Torricelli, Servet, Vesalius, Harvey e tantos outros. Na filosofia o racionalismo, o mecanicismo, o dualismo e o panteísmo filosófico. Em matéria religiosa a luta entre católicos e protestantes, abrindo uma fenda no monolítico edifício da Fé.

Abriu-se um caminho para a chamada Revolução Intelectual dos séculos XVII e XVIII, sendo o último o ponto culminante dessa revolução pela audácia e originalidade.

Dentro dessa revolução o movimento mais importante é a Ilustração, ou Iluminismo, pela influência que exerceu nas transformações do pensamento e nas ações dos homens, cujas idéias fundamentais eram:

1 – a razão é o único guia infalível da sabedoria;

2 – o universo é considerado a máquina governada por leis uniformes e inflexíveis; sem qualquer interferência sobrenatural;

3 – a melhor estrutura da sociedade é a mais simples e a mais natural, sem as convenções artificiais e antiquadas, que só servem para perpetuar a tirania do clero e dos governantes;

4 – não existe pecado original; pois a depravação do homem não é inata; porém seus atos de crueldade e baixeza devem-se à influência de padres intrigantes e de déspotas belicosos, e

5 – se os homens tiverem a liberdade para seguir os ditames da razão, a natureza humana e, conseqüentemente, a própria sociedade poderão ser facilmente aperfeiçoadas.

Tais idéias foram complementadas e reforçadas pelos 35 volumes da Enciclopédia (1772), cujos temas diretrizes eram: a liberdade individual, de pensar, de escrever, de publicar, comercial e industrial; guerra às idéias religiosas, consideradas um obstáculo para a liberdade; e guerra ao absolutismo político.

Libertado dos dogmas e dos preconceitos o espírito humano alçou vôo para o infinito, expandindo suas conquistas por mares nunca dantes navegados.

Lá pelos idos 1770 tivemos um notável avanço da tecnologia na

Europa, com Pristley e Lavoisier na química, Volta e a eletricidade, Harrison e seu cronômetro, a máquina a vapor de Watt, e a máquina da fiar movida a água de Arkwrigt, que é seguida pela invenção do tear a vapor por Cartwright. O desenvolvimento científico multiplica-se em inumeráveis descobertas e invenções.

No século XIX, destacamos: a prensa tipográfica cilíndrica, o motor e gerador elétrico, a fotografia, a ferrovia, a segadeira, a espingarda de agulha, o telégrafo, o processo Bessemer, a perfuração do primeiro poço de petróleo, primeira usina hidroelétrica, a fabricação de automóveis e tantos outros.

Iniciando o século XX, a teoria dos quanta, primeiros vôos com os mais pesados do que o ar, teoria da relatividade, plásticos, cisão do átomo, primeiros programas de rádio, aparecimento do cinema, da televisão, do motor a jato, do náilon, dos antibióticos, primeiro reator nuclear, computador eletrônico, transistor, satélites artificiais, o primeiro homem no espaço e a realização do vôo tripulado à lua, e tantas outras realizações que seria enfadonho listá-las.

Entre os inúmeros feitos de invenções e descobrimentos para melhorar a vida humana, tivemos algumas nuvens toldando o céu da humanidade: a corrida e aperfeiçoamento das máquinas de guerra, as usinas e bombas nucleares, a AIDS, a intolerância religiosa procurando ditar normas à liberdade do homem e à degradação do ambiente pela cupidez humana destruindo florestas, a camada de ozônio, poluindo rios e a atmosfera.

Foram profundas e extensas transformações culturais do mundo moderno, mesmo a Igreja Católica, em 1962, pelo Segundo Concílio do Vaticano, reforma a liturgia e os dogmas.

Neste mundo febricitante de idéias, ações, modificações, parece-me que somente a Maçonaria continua apegada aos seus velhos usos, costumes, tradições, filosofias do passado fugindo ao seu determinismo histórico de liberdade para todos os humanos, igualdade entre os homens e a fraternidade sem raças, religiões, doutrinas políticas e sociais.

O Malhete do tempo continua em seu trabalho constante modelando uma nova era, que será de luz ou de trevas, de paz ou de guerra, de amor ou de ódio, de acordo com a nossa ação do presente para o futuro. Nós estaremos entre os construtores de novas catedrais góticas luminosas, ou continuaremos construindo o inacabado Templo de Salomão, com as pedras das crendices e superstições, ou usaremos concreto armado em estruturas de ferro ou alumínio para construir um novo Templo Maçônico moderno, real onde se cultivaria a verdade.

Resenha Bibliográfica

Observação: durante a vida vamos lendo e formando a memória, da qual nos socorremos ao expor nossas idéias. Assim, seria impossível listar todos os livros que fizeram parte de nossa formação universitária e depois de professor, como também outras leituras resultantes de se ler pelo menos um livro por mês, durante sessenta anos e ainda revistas, jornais, boletins das mais variadas espécies; portanto além das obras citadas no texto, vamos catalogar somente algumas que foram as mais consultadas.

1. ALEXANDER, Jacques. Os Enigmas da Sobrevivência. Ed. 70. Lisboa, 1972.
2. ARMSTRONG, Karen. Uma História de Deus. Cia. de Letras: S. Paulo, 1993.
3. BACON, Sir Francis. Del Adelanto Y Progresso de la Ciência Divina e Humana. Lautaro: Buenos Aires, 1947.
4. BECKER, Idel. Pequena História da Civilização Ocidental. 8ª Ed. Cia. Editora Nacional: S. Paulo, 1997.
5. BERGAMINI, David. As Matemáticas. Livraria José Olympio. Editora Rio de Janeiro, 1964.
6. BUKHARIN, N.. Tratado de Materialismo Histórico. Centro do Livro Brasileiro.
7. CHARON, E. Jean. O Espírito Este Desconhecido. Edições Melhoramentos: S. Paulo, 1979.
8. CHALLAYE, Felicien. As Grandes Religiões. Ibrasa: S. Paulo, 1981.
9. CHÂTELET, François (Coordenador). História da Filosofia, Publicações Dom Quixote: Lisboa, 1995.
10. CHOURAQUI, Andre. A Bíblia (10 volumes). Imago: Rio de Janeiro, 1998.
11. DAVIES, Paul. 1) Deus e a Nova Física. Edições 70: Lisboa. 2) Os Três Últimos Minutos. Rôcco: Rio de Janeiro.
12. DOMINI, Ambrogio. História do Cristianismo. Edições 70: Lisboa.

13. DURVILLE, Henri. A Ciência Secreta (2 volumes). Pensamento.
14. ELIADE, Mircea. História das Crenças e das Idéias Religiosas (5 volumes). Zahar: Rio de Janeiro, 1979.
15. GARAUDY, Roger. Apelo aos Vivos. Nova Fronteira: Rio de Janeiro, 1981.
16. GOURHAN, Leroi. 1) As Religiões da Pré-História. Edusp: S. Paulo, 1981. 2) Pré-História. Edições 70: Lisboa.
17. GRADY, Joan O. Heresia. Mercúrio: S. Paulo, 1994.
18. HAECHEL, Ernest. Maravilhas da Vida. Lello e Irmão Editores: Porto, 1899.
19. HENRI, Luciene. As Origens da Religião. Guaira.
20. HUISMAN, Denis e Andre Verges. 1) Curso Moderno de Filosofia. 2) Compêndio Moderno de Filosofia. Freitas Bastos: S. Paulo, 1967.
21. KRAMER, S. N.. 1) Os Sumérios. Livraria Bertrand: Lisboa, 1977. 2) A História Começa na Suméria. Publicações Europa América Ltda.: Portugal.
22. KLOPPENBURG, Dr. Boaventura. 1) A Maçonaria no Brasil; 2) O Espiritismo no Brasil; 3) O Reencarnacionismo no Brasil; e 4) A Umbanda no Brasil. Vozes: Petrópolis.
23. LEICHT, Hermam. História Universal da Arte. Cia. Melhoramentos: S. Paulo, 1967.
24. LEWIS, James R. Enciclopédia da Vida Após a Morte. Makron Books: S. Paulo, 1977.
25. MONROE, Paul. História da Educação. 4ª Edição. Cia. Editora Nacional: S. Paulo, 1954.
26. MOODY, Jr. Raimond A. Reflexões Sobre a Vida Depois da Vida. Livraria Bertrand: Lisboa.
27. PAGEL, Elaine. 1) Os Evangelhos Gnósticos. Cultrix: S. Paulo, 1995. 2) As Origens de Satanás. Edidouro: Rio de Janeiro, 1996.
28. REINACH, Salomon. Apolo. Libreria Gutemberg de José Ruiz. Madrid, 1911.
29. RIO, João do (Paulo Barreto). As Religiões no Rio. Nova Aguilar, 1976.
30. RUYER, Raymond. A Gnose de Princeton. Cultrix: S. Paulo, 1977.
31. SAGAN, Carl. O Mundo Assombrado pelos Demônios. Cia. de Letras: S. Paulo, 1997.
32. SANTOS, Teobaldo Miranda. Noções de História da Educação. Cia. Editora Nacional: S. Paulo.
33. THRUELSEN, Richard e John Kobler (Coordenadores). Aventuras do Espírito (volume 2). Fundo de Cultura: Rio de Janeiro e S. Paulo, 1961.
34. THUILLIER, Pierre. De Arquimedes a Einstein. Jorge Zahar: Rio de Janeiro, 1994.
35. TINÔCO, Carlos Alberto. 1) As Upanishadas. Ibrasa: S. Paulo, 1996. 2) Parapsicologia e Ciência. Ibrasa: S. Paulo, 1993.

Editora Maçônica
A TROLHA

Redação, Diagramação,
Composição, Revisão, Arte-Final.

Av. Maringá, 335 – Fone: (0 XX 43) **327-1982**
Fax: (0 XX 43) **348-0915**
CEP 86060-000 – Londrina – Paraná

Home Page: http://www.atrolha.com.br
E-Mail: trabalhos@atrolha.com.br